Papier aus verantwortungsvollen Quellen

IMPRESSUM:

Michael Thalhammer
Konzepter/Autor

A-1120 Vienna/Austria
Tel.: +4319195724
www.earthsolar.info
e-mail: michael_thalhammer@yahoo.com

Verlag: BoD · Books on Demand GmbH, In de Tarpen 42,
22848 Norderstedt, bod@bod.de
Druck: Libri Plureos GmbH, Friedensallee 273, 22763 Hamburg

ISBN: 978-3-7693-2754-0

MIX
Papier aus verantwortungsvollen Quellen
Paper from responsible sources
FSC® C105338
FSC
www.fsc.org

Gewidmet einer unterdrückten und allseits bedrohten Menschheit

. . .

MICHAEL THALHAMMER

ENKELTAUGLICH

Wege zu einer lebenswerten Zukunft

Fossilfreie Energieoptionen,
Sozialausgleich,
Naturerhalt
und Innerseelisches

Die gebotenen Inhalte biete ich unkommerziell an;

sie sind Anregungen bezüglich Technik, Klima und menschlicher Werte.

Die.Kapitel:

In **1.** werden einige Hintergründe und Lösungen zu unseren heutigen Krisen beleuchtet.

Ab **2.** finden sich Ansätze zu ressourcenschonenden und nachhaltig CO_2-freien Innovationen. Die anschaulichen Lösungen richten sich an Investoren, Industrien, Politik sowie an alle am Weltgeschehen interessierten Leser sowie an meine 30.000 LinkedIn Kontakte.

In **3.** spannt sich der Bogen von "no future" hin zu Mut und Möglichkeiten eines freudvollen Lebens aus inneren Quellen.

I N H A L T

H O F F N U N G ! *Dieses große Wort sei hier bewusst vorangestellt - in einer Zeit, in der die Klimaprognosen Unheil verheißen, und wo Armut, Kriege und Artensterben sehr viele Menschen bedrücken. Eine Hoffnung, welche schon immer unsere stärkste Antriebskraft in schweren Tagen war und die hinaushob über alle Ängste, Sorgen und alles Leid. Sie vermag dies auch heute noch und begegnet Euch hier, geschätzte Leser, in allen drei Kapiteln. Besonders aussagekräftig und zugleich glaubwürdig leuchtet diese Hoffnung aus meiner Sicht ab dem zweiten Kapitel auf, wo sie auf die "Glaskugelschau" zeitlicher Voraussagen verzichtet. Im 3. Kapitel »IST EINE ENKEL-GERECHTE ZUKUNFT NOCH MÖGLICH?< ist eine Bejahung auch in sinnvoller Weise gegeben, dort, wo das Innerseelische mit dem Übersinnlichen sich schon immer begegnet, ja, verbindet.*

1. Kapitel

<u>K R I S E N</u> bewältigen

Ob initiiert von Klimawissenschaftlern* oder den vielen umweltaktiven NGO`s oder von der Jugend in Fridays4Future - es führt sicherlich kein Weg vorbei an den großen anstehenden Änderungen, welche uns die beständig ansteigende Klimaerwärmung auferlegt.   .

So änderten etliche namhafte Firmen und Konzerne schon heute ihre fossilabhängige Produktionsweise, und selbst einige Superreiche rufen nach einer höheren Besteuerung ihrer großen Vermögens-werte. Zugleich haben sich auch die obersten Privatvermögen sowie auch deren »persönlicher Jet-Flugverkehr« in kürzester Zeit verdoppelt! Ein echter Klimaschutz kann aber nur in ganzheitlicher Weise Erfolg haben, welche zuvorderst die armen Menschen in den weniger entwickelten Regionen dieser Welt mit einbezieht und *zugleich* umfassende Naturschutzpläne umsetzt. Denn, kümmern wir uns weiterhin zu wenig um das Leid der an den Rand gedrängten Mitmenschen und weiterhin nur marginal um die natürlichen Lebensräume restbeständiger Populationsdichte, so würden wir als eine Menschheit auf diesem ehedem lebenserfüllten und *Wunder*-vollen Planeten unweigerlich gemeinsam scheitern.

. 	* *Der Diplom-Meteorologe* Sven Plöger *erhellt in seinem Buch „Gute Aussichten für morgen" - leicht verständlich und unaufgeregt - das eher komplexe Klimawandel-Thema.*

Wir und unser Klima

Was lässt sich noch tun in unserem rasch fortschreitenden Klimawandel?

Fernab von medial überzogener Panikmache: ich möchte bei diesem Thema doch auch die Zusammenhänge von äußerer- *und* innermenschlicher Atmosphäre beleuchten. Denn: beide üben in wechselseitiger Weise einen nicht geringen Einfluss auf unsere Klimaabläufe aus.

Mittlerweile ist wohl ziemlich jedem klar geworden: die Menschheit müsste sich eher sofort als im Übermorgen »zukunftsfit« machen. Und, in gegenseitig ehrlicher Anerkennung als »eine Menschheit« kann noch die Kraft notwendiger, kluger Handlungen erwachsen. Denn auch Menschen folgen ihrer spezifischen Art von »Schwarmintelligenz« - in guten-, wie manchmal auch in schlechteren Fällen. Zum Glück ist diese Intelligenz weder bloß chaotisch, noch rein zufällig. Wie zu allem in der Natur, verfolgt diese, eine gesunde, für die jeweilige Art lebensförderliche »Zielsetzung«.

Bislang sind es vor allem die weltweit zum Erhalt unserer Lebensgrundlagen wirksamen Kräfte, welche positiv dazu beitragen, dass Natur, und mit ihr die Menschheit noch ausreichend weit *vor* einem nahenden Ende stehen. Andererseits lähmen uns unsere eingeübten Gewohnheiten - bei gleichzeitig schlechtem Gewissen - uns aktiv zu formieren, um die Geschäftsweisen der gängigen Geldwirtschaft als die wahren Klimatreiber zu erkennen und zur Veränderung zu drängen. Hinzu überfluten uns Medien mit „Informationen", welche uns suggerieren sollen, dass sich ja ohnehin ständig etwas zum Besseren hin ereignet. Dieserart Einschläferung - tagtäglich begleitet von verstörenden Horrormeldungen - erzeugen eher eine unterschwellig wirksame Verunsicherung anstatt der nötigen Aufklärung und aktiven Solidarität.

Die Folgekosten der Klimaschäden ...

... beziffern sich schon jetzt auf ein Mehrfaches der aufzuwendenden Investitionen, welche für einen Ausstieg aus den fossilen Energien von Nöten wären. Zugleich sind jedoch ein x-faches dieser Summen als passive Kapitalvermögen in "privaten Vermögensverwaltungen" ihrer

Anleger eingebunkert. Diese fehlen schmerzlich für soziale Belange und den nötigen Umbau zu einer Klimaberuhigung. Doch gewähren diese <u>Megakapitalien</u> einer Handvoll Superreichen, der Welt ja immerhin auch die finanzielle Deckung sämtlicher weltweiten Staatsverschuldungen. Trotzdem - *nein, gerade deswegen* - wird deren Überreichtum weiterhin zunehmen, wenn die Finanzgebarungen so bleiben wie bisher. Abseits allseitiger Neiddebatten müsste dies auch niemanden groß tangieren. Niemanden? Wäre da eben nicht zugleich die enorm breit anwachsende Ungleichheit bis hin zu bitterster Armut so vieler unserer Mitmenschen auf Erden! Hier dürfen wir unsere Finanz- und Justizpolitiker nicht untätig bleiben lassen!

Gefährlicher als die himmelschreiende soziale Kluft erweist sich »*die Kriege befeuernde Waffenindustrie*«, welche so erfolgreich durch ihre Zwietracht- und Hass-schürende Lobbystrategien gedeiht. Mit ihr eng verwoben folgt der fossile Sektor und die Atomindustrie, mit den von ihnen erzeugten unlösbaren Folgeproblemen von CO_2-schwangerer Luft bzw. endlos strahlendem Atommüll.

Die bedeutende politische Denkerin *Naomi Klein* meint: „Wenn wir uns bewusst bemühen, den kulturellen Wert gleicher Rechte für alle Menschen mit der Fähigkeit zu tiefem Mitgefühl zu vereinen, können wir uns als Menschheit, in der steinigen Zukunft auf die wir bereits unausweichlich zusteuern, vor dem Absinken in die Barbarei bewahren. Und da uns der Klimawandel einen unverrückbaren Termin setzt, kann er als Katalysator für diese tiefgreifende soziale und ökologische Transformation dienen. Letztlich ist eine Kultur immer im Fluss. Sie kann sich ändern. In unserer Geschichte ist das schon oft geschehen." ... „Doch können wir nicht sagen: »Meine Krise ist drängender als deine« - Krieg übertrumpft Klima; Klima übertrumpft Klasse, Gender, Ethnie usw." **Hierin lebt die Chance, dass ein in spontaner Entschlossenheit geborenes Mehrheits-narrativ aus Gerechtigkeitssinn, Empathie und Verantwortung eine reale Umwälzung des bisherigen Wirtschaftsgeschehens in gewaltlosem Umschwung erreichen könnte.**

Nun will ich zu den vielen heute bereits positiv wirksamen Verordnungen einige hinzufügen:
1.1 Ansätze zum Umstieg aus den bereits chronischen Kriegs-, Wirtschafts- und Finanzsackgassen:

O   Ein Schnitt zu allgemeinem *Schuldenerlass** könnte den "Gamechanger" ausmachen! Dieser Schritt scheint mir nötig, um Arbeit, Handel und Mobilität vor einem jederzeit möglichen, globalen Handels- und Finanzkollaps zu bewahren. Der Beschluss würde weder die gegebenen Hierarchien, noch die jeweiligen Staatsstrukturen tangieren. Doch er würde Megasummen an sonst passiven Kapitals in umweltverträgliche Projekte schwemmen. Dieser Ratschluss bildet die finanztechnisch nötige Voraussetzung zum bereits heute möglichen fossilstofffreien Produzieren. In der Folge kann er auch saubere Transportlösungen auf den Weg bringen, generell biologische Lebensmittel wachsen lassen, und sogar einen Tierleidarmen Fleischkonsum gestatten. Es wird dann ein allgemein menschliches und friedliches „Auslangen" möglich - eingebettet in einer wie ehedem ausgeglichenen Natur. *Ich kann mir gut vorstellen, dass es der gesamten Hochfinanz sogar soziologisch zu heiß wird, und in der Folge der nötige Finanzschnitt - eines schönen Tages von diesem Sektor selbst - herbeigeführt wird.*

   * *Der außergerichtliche Schuldenerlass hängt vom Wohlwollen des Gläubigers ab. Er kann die Schulden zum Beispiel erlassen, wenn der Schuldner zahlungsunfähig ist und auch in absehbarer Zeit nicht genügend Geld aufbringen kann, um (was vielfach auch bei Staatsverschuldung vorkommt) die Forderung zu decken.*

O   So könnte »*beispielsweise*« der im Finanzbereich renommierte <u>Lary Fink* - Chef von Blackrock</u> - die Rolle des historischen Griechen Solon** übernehmen. Immerhin wäre er der erfahrene Frontmann unter den Vermögensverwaltern, mit Reputation zu sämtlichen Währungen und in bester Verbindung zu etlichen Großanlegern. Demnächst erzwingen Genozid, Massenmigration, allseitige Kriege und heftigste Naturkatastrophen den Schwenk des globalen Finanz- und Wirtschaftssystems. Unter dieser Zuspitzung käme der Beschluss zur „Schuldenvergebung" also von der Hochfinanz selbst - dann leistet er, zum sozial friedlich nötigen Auskommen, *auch das gemeinsame klimatische Überleben*, bei gleichzeitig monetärem Neubeginn. Schon um 594 v. Chr. hat die griechische Polis Athen einen vergleichbaren Solidaritätsschritt »mit Wohltaten für alle« vollzogen. Denn am äußersten Rand seines »lukrative Gewinne einbringenden Vermögens« kommt es ohnehin *notgedrungen* zu gänzlich neuen Paradigmen. »Genau dies würde in deren Folge auch einen soziologisch radikalhumanen Neuanfang erwirken«. *Mögen auch wir diese Kurve gut schaffen!*

   * *eventuell auch durch Bill&Melinda Gates - als Personen - nicht als Foundation.*

   ** *Um 600 v. Chr. blühte der Handel in Athen. Das aus dem Ausland eingeführte Getreide war billiger als das von den heimischen Kleinbauern, daher verarmten viele, und es kam zu sozialen Unruhen. Um einen blutigen Bürgerkrieg zu verhindern, übertrug die athenische Bevölkerung dem adeligen Solon 594 v. Chr. das Schiedsrichteramt. Die nun folgenden Reformen bildeten die Grundlage der athenischen Demokratie (Volksherrschaft). Der griechische Historiker*

Plutarch berichtete 100 v. Chr. über die sozialen Missstände – vor Solons Reformen. <u>Das ganze griechische Volk war den Reichen verschuldet</u>. Entweder bearbeiteten die Landarbeiter das Land für die Landeigner und lieferten den Sechsten der Erträge ab, oder sie wurden - wenn sie unter der Verpfändung ihres Leibes Schulden gemacht hatten - von den Gläubigern abgeführt und mussten als Sklaven dienen. Viele wurden auch genötigt, ihre eigenen Kinder zu verkaufen. Als nun Solon Herr der Lage geworden war, da befreite er das Volk, indem er Anleihen auf Personen untersagte und einen Schuldenerlass durchführte [...] Quelle: PLUTARCH SOLON, Übersetzt v. K. Ziegler*

O Erst durch derart <u>globalen Paradigmenwechsel</u> zu weitreichenden »Green Investments« werden die Kryptojongleure und Waffenlobbyisten einem »GreenNewDeal« beistimmen. In der Ausstattung - wie in der Pandemie - als eine »**Notverordnungsmaßnahme**« gegen die bereits allzu dominante „SchmutzFinanzWirtschaft" lassen sich auch die dringend nötige CO_2-Reduktionen durchsetzen. *Genau das erwartet sich die gesamte Weltbevölkerung seit langer Zeit von Industrie, Politik und von der Hochfinanz!*

O Vorrangig <u>Schwellenländer</u> müssten schon längst den vollen "Schnitt" eines Schuldenerlasses erfahren; nur so können diese ihre prekäre Lage im Weiteren selbst behandeln und ihre bedingungsfreie Souveränität in grundrechtlicher Würde bewahren. Damit ist keineswegs eine kommunistische Neuauflage gemeint; denn der Schritt zu dieser vorgeschlagenen Maßnahme würde erreichen, was in alter Zeit alle 50 Jahre durch das jüdische Jubeljahr zum Guten hin bewirkt hat *(Lev. 25,8-55). Möge der weltweite Rechtstrend demokratisch im Schach bleiben.*

O Wenn sich unsere vielfältigen Kulturen auf die eigenen Wurzeln und Bräuche und <u>das örtliche Wirtschaften innerhalb der jeweils eigenen Regionen</u> zurückbesinnen, können wohl auch globale Krisen von der Wurzel her geheilt und bewältigt werden. Die Politik kann und muss die Voraussetzungen schaffen, dass heimisch-regionaler Warenaustausch unserer grundlegenden Lebensmittel und Gebrauchsgüter *vor* dem weitläufig zerstreuenden Welthandel gesetzlichen Vorrang erlangt! *Nur anders nicht verfügbare Güter sollten künftig importiert werden.*

O Staatlich verordnete, zukunftsorientierte Regulative haben im Blick auf das Arbeits- und Wirtschaftsrecht wichtige Funktionen, insbesonders auch im Hinblick auf Ethik, Freiheit und Moral. Unserer heimischen Wirtschaft kann und muss mit staatlichen Gesetzen der Vorrang gegenüber dem aktuellen Turbokapitalismus internationaler Prägung eingeräumt werden! Nur so können wir im globalen Lohn- und Preisdumping bestehen, ohne zum Spielball sonderbarer Abmachungen fragwürdiger Mächte zu werden. Dadurch könnte sich unser Wirtschaften und die landwirtschaftliche Bauernschaft aus dem globalen Preisdruck befreien. *Wesentliche Wertschöpfungsketten blieben - mit nachfolgend wohl erstaunlicher Resilienz - im eigenen Land.*

O Besonders Not-wendig erscheint mir jedoch die Wiedereinsetzung der völlig irrational aufgekündigten Atom-Rüstungsverträge. Sie <u>müssen</u> – soll Menschheit überleben wollen – zu einem <u>weltweiten atomaren **Waffenverbot**</u> erhoben werden! Im Weiteren <u>kann nur</u> ein sukzessiver Abbau aller kriegstauglichen Gerätschaften aller Staaten, ein friedliches Miteinander - in gegenseitiger Anerkennung und Wertschätzung – ihre Gestaltung zu einer stabileren Weltarchitektur erhalten. Siehe **www.iconw.de** #nuclearban. „Es ist naiv zu glauben, dass unsere Zivilisation eine Weltordnung überleben kann, die ihre Sicherheit auf Atomwaffen stützt. *Die Welt darf kein Gefängnis sein, in dem wir der kollektiven Vernichtung entgegensehen!*"

 Am 07.07.2017 haben von den 193 UN-Staaten ganze 122 Staaten für die Verabschiedung des Atomwaffenverbotsvertrags gestimmt. Die Resolution zu Atomwaffenverbotsvertrag in der UN-Vollversammlung wurde am 7. Dezember 2020 von 130 Staaten unterstützt. (Stand: 1. Oktober 2024) haben 94 Staaten den Verbotsvertrag unterzeichnet, 73 Staaten haben ratifiziert bzw. sind beigetreten. Der Verbotsvertrag ist am 22. Januar 2021 in Kraft getreten. >Frieden ist NOCH IMMER möglich<: Dieses Buch von *Franz Alt,* ist dazu sehr lesenswert.

Bezüglich unserer äußeren Atmosphäre

Ohne Atmosphäre wären unsere Erdentage wie am Mond: einerseits ein frostkaltes, tiefes Schwarz bzw. auf der anderen Seite eine heiße, gleißende Helle ohne blauen Himmel. Denn bei fehlendem Streulichteffekt, ohne die Ionosphäre als Filter und Schutz gegen die harte kosmische Solarstrahlung, wäre unser irdisches Leben gar nicht erst möglich geworden.

Nur dadurch erstrecken sich über uns einige Kilometer an atembarer Luft; neuerdings jedoch auch das schwerere CO_2*, welches vor der Industrialisierung gerade einmal eine Höhe von etwa 3 Metern hatte. Inzwischen hat dieses CO_2 jedoch bereits eine bodenbedeckende Durchschnittshöhe von fast 30 Metern erreicht! Das viele, vor allem von industrialisierten Ländern bedingte CO_2, bewirkt nun die bekannt starken Turbulenzen und extremen Wetterkonditionen.

*CO_2 wiegt ~2 kg pro Raummeter und Methan ,~0,7 kg pro Raummeter. Selbst die nur homöopathisch gegebenen Anteile dieser beiden Gase in unserer Lufthülle bewirken jene vermerkte höhere Luft-, Wasser- und Bodenerwärmung - genannt Klimawandel. (Luft wiegt ~1,3 kg a´ Raummeter).

Auch unser Verkehr erhöht tagtäglich den toxischen CO_2-Pegel. So postete kürzlich der Pressesprecher des Verkehrs-Club-Österreich über LinkedIn: „Es bleibt absurd, dass wir 1 bis 2 Tonnen Metall in Bewegung setzen müssen, um durchschnittlich 80 Kilogramm Mensch durch die Gegend zu chauffieren". Gemeint ist die gängige Praxis der PKW-Auslastung. Klar ist leider auch, dass heute nicht jeder bereits auf Öffis umsteigen kann. Dazu sind deren Netze im ländlichen Bereich noch zu dünn ausgebaut.

Nur 1 bis 2 gefahrene Kilometer mit dem Auspuff in das Innere eines Autos würde unweigerlich deren Insassen töten! Jede Tempobeschränkung ist also ein Segen für Mensch und Umwelt. Weitere Tempolimits wären natürlich ein Fortschritt zu einer allgemein gesunden Entschleunigung. Eine stille Werbung wäre z.B. ein *80 km/h-Pickerl* an deiner Heckscheibe.

Und was hat die Klimakrise mit z.B. Hochwasser zu tun? Eine ganze Menge! Einerseits ist da das "Clausius-Clapeyron-Gesetz": Pro Grad Erwärmung werden rund 7 % mehr Wasserdampf aufgenommen. Das Gesetz zeigt, wie viel Wasserdampf in einen Kubikmeter passt. Die maximale Wasserdampfmenge nimmt exponentiell mit der Temperatur zu. Und wo mehr Wasser drin ist, kann auch mehr abregnen. Ein weiterer Punkt: Der Jetstream. Das starke Windband um die Nordhalbkugel in rund 10 Kilometer Höhe verliert an Dynamik. Grund dafür ist die Klimakrise. Denn die Temperaturunterschiede zwischen Äquator und den Polen werden geringer. Die Wissenschaft warnt schon länger vor einem sich verlangsamenden Jetstream. Denn er begünstigt länger anhaltende Wetterlagen. Statt dem raschen Wechsel von Hoch- und Tiefdruckgebieten rastet eine Wetterlage einfach ein und ein Tief folgt auf das nächste. Auch entlässt Schnee sein Wasser nur langsam in den Boden, doch winterlicher Dauerregen? Dieser führt nur zu lange anhaltendem »Land, Haus und Äcker unter Wasser«!

Daher sind schmälere, dezentralere Formen von Produktion, Handel, Energie und Wirtschaft allgemein - auf nationaler wie auch globaler Ebene - entscheidend & nötig.

Jedes Land für sich hat genug „vor der eigenen Tür zu kehren" und soll sich nicht ständig auf »globale Wirtschaftszwänge« ausreden. Gerade auch die ungesunden Wertschöpfungen aus unseren Monokultur-Äckern, und als Folge deren Mangel an lebensnotwendigen Bestäubern-, sowie Fichtenforste in Tiefenlagen (welche eigentlich das Habitat für Laubholzwälder wäre) erbringen gefährlich sinkende Grundwässer und austrocknende, tote Böden mit sich. Übrigens: eine mit Bäumen bepflanzte Straße ist bei sommerlicher Hitze - gegenüber einer Straße ohne Bäume - um bis zu 20° kühler. Und, ohne Wälder wäre es mit dem schönen Leben hier insgesamt schon längst vorbei! In Summe geht es natürlich um alle an den CO2-Emissionen Beteiligten, wie die Bau- und Schwerindustrie, die Landwirtschaft u.v.m. Denn, allem Leben im "Fahrgastraum Erde" ergeht es ja zunehmend gleich bedenklich. Und der in letzter Zeit entstandene hohe Anteil an Feinstaub (im Nanobereich) überwindet leider sowohl die menschlichen Zellwände als auch die Hirnschranke! Dieser Feinstaub ist nicht nur krebserregend, er beschädigt nach und nach auch unser genetisches Erbgut. Zugleich findet sich auch *Mikroplastik und sonstiger Müll* bereits überall und bis in Meerestiefen verstreut!

So ist auch jeder Einzelne von uns ist gefordert, Tag für Tag bewusste und auf Nachhaltigkeit zielende Entscheidungen zu treffen. Denn wir können die industriellen Umweltstandards vornehmlich über unser Konsumverhalten - zumindest in einigem - zum Besseren verändern. Ändern wir unser Verhalten diesbezüglich, so wird dies zugleich unserer Gesundheit guttun.

"Das Hauptproblem der derzeitigen Erderhitzung ist weniger die absolute Temperatur, als die Geschwindigkeit, die jegliche Form der Anpassung für Mensch und Natur stark erschwert" - *meint* Marc Olefs *vom Dep. Klima-Folgen des* »GeoSphere-Institut-AT«.

Wir und unsere Wirtschaft

Seit jeher ist es dem Kapitalismus immanent, dass er sich periodisch zu Massenarmut und Hungersnöten auswächst und aus dieser Zerstörung heraus, sich wiederholt neu gebiert.

Der Überseeverkehr brachte uns weitere Probleme, wie biologisch invasive Übernahmen, z.B. durch im Ballastwasser eingeschleppte Meerestiere oder in Containern mitgeschleppte Viren, Samen und Insekten - was die heimischen Ökosysteme stört. Weiters kann auch unser beliebter Ferntourismus, eine Epidemie - wie wir es kürzlich erlebt haben - in eine Pandemie überleiten.

Die derzeitige Durchschnittstemperatur von 1,2° C übertrifft Österreich mit bereits 2° C. Und von den 117.000 Österreichischen Landwirtschaftsbetrieben haben alleine im Jahr 2022 wieder 1000 Bauern ihre Höfe auflassen müssen! Die übernommenen oft gesunden, kleineren Wälder und Felder werden sodann ins industrialisierte „Umsätze Erzeugen" eingegliedert – mit all den schädlichen Folgen. Hier erreichen nur notwendige bzw. klar verordnete Gesetzesgrundlagen eine mögliche Änderung. Mit der von der neoliberalen Politik gewollten „Freiwilligkeit zur Marktentwicklung" kann und wird in Klimabelangen sicherlich gar nichts erreicht werden! Auch heute gibt es die erlaubte Frage: Wenn global alle Staaten (allen voran die USA) eine mehr oder weniger hohe Schuldenlast angesammelt haben, bei wem sind all diese Schulden verbucht, bzw. *wer hat solche gewaltigen Summen real verborgt?* Und haben sich nicht gerade diese Kapitalverleiher zuvorderst für die global-soziale und ökologisch katastrophale Situation verantwortlich gemacht? Zum Beispiel sind in nur drei Jahrzehnten so gut wie alle österreichischen Dörfer wirtschaftlich, kulturell und sozial „entkernt" und entseelt worden! Ehemals regionale KMU-Inhaber wurden zu Pendlern und Konsumenten herabgewürdigt, welche nun zu den Handelsketten-Zentren am Rand ihrer Dörfer einkaufen fahren müssen.

Die aktuelle Globalwirtschaft muss jedoch kein auswegloser Zwang bleiben, oder!?

Lasst uns daher schnell wirksame Chancen ergreifen, welche mittels technischer, aber besonders auch geistiger Alternativen (zu fragwürdigen Lebenseinstellungen und deren spezifischen Angewohnheiten) einen raschen CO_2 Ausstieg gewähren. Um uns und weiteren Generationen ein Auskommen zu ermöglichen, bräuchte es *mutige Entschlussfassungen*. Daher auch die dringliche Forderung, »jetzt« eine heilsame Klimapolitik aktiv voranzutreiben. Es geht ja ums Ganze – um Sein oder Nichtsein! Nun mal ganz ehrlich: geht es nicht um verantwortungsvolle, schnellstmögliche Betreuung, hin zu einer natürlichen Bodenfruchtbarkeit, mit all den zur Pflanzenbestäubung (über)lebensnotwendigen Insekten? Wollen wir aus unseren Gärten und Äckern nicht auch noch übermorgen etwas auf die Teller bekommen? Der "stumme Frühling" ist leider bereits zu 2/3 Wirklichkeit geworden! *Nur ein rascher Umschwung zu armutsgerechter Fürsorge für alle-, ein sorgsamer Umgang mit der Natur- sowie eine auf Nachhaltigkeit basierenden Ökonomie ermög-lichen uns, die Aufrechterhaltung eine wie immer geartete Zivilisation und eine gerade noch erträgliche 1,5° Grad-Einhaltung anzustoßen!*

Die Wurzeln unserer kritischen Situation liegen »in einer Wirtschaft, die keine ökologischen und ethnischen Grenzen respektiert«. Grenzen wären für dieses Wirtschaftssystem ein Problem. Leider beherrscht uns ein System - eine Kultur des grenzenlosen Aneignens - als gäbe es kein Ende, und als hätte all das keine Folgen.

Sanfte Technik begegnet globalen Krisen

Nicht nur "Krieg ist der Vater aller Erfindungen", sondern auch jene guten Ideen, welche aus höherer Inspiration geboren sind; jene, welche aus überströmender Freude entstanden sind, sie sind besonders in den letzten 200 Jahren zu technisch umwälzenden Neuerungen gelangt. Hier braucht es nun die richtige Selektion, um jeweils die hilfreichen von den längerfristig schädli-chen Errungenschaften zu trennen. Dazu ein paar wenige Beispiele:

o   1864 erfand *Nicolas Otto* seinen Motor   :-(

o   am 8. November 1895 entdeckte der Physiker *Wilhelm Conrad Röntgen* die nach ihm

   benannte Strahlung   :-)

o   1926 überquerte ein mit einem *Flettner*rotor betriebenes Schiff den Atlantik   :-)

o   1945, zum Ende des 2. Weltkrieges, wurde über Hiroshima und Nagasaki je eine Atombombe erprobt   :-(

o   Bereits in den 1880er Jahren gab es Fahrräder mit Kettenantrieb und Luftreifen. :-)

o   In den 70er Jahren nahm die photovoltaische Nutzung Fahrt auf   :-)

o   Ab 2000 wurde Nachhaltigkeit allgemein und weltweit wichtig   :-)

o   2002 entwickelte ich TWS als Verkehrs- und Transportsystem. Siehe dazu mein YouTube-Video: "*TubeWaySolar* - for a clean future   :-)   13 o   Bis heute fallen mir nach und nach technische Alternativen zu, welche ich nachfolgend im Teil 2. skizziere. Mit diesen ließen sich 80% an Ressourcen und CO2-Ausstoß einsparen :-)

_____Enkelgerecht ?_____

Wir bewohnen gemeinsam den besonders schönen, aber auch sehr sensiblen Lebensraum Erde. Und wir erleiden gemeinsam die Folgen der bis heute anhaltenden Naturzerstörung; jedoch verspüren wir diese regional in unterschiedlicher Intensität. Fast alle bisherigen Strukturen erfahren daher die ungewöhnlichsten und massivsten Einbrüche aller Zeiten. Doch auch die Abläufe innerhalb aller Kapital- und Wirtschaftsstrukturen kommen zusehends in dieselben Turbulenzen wie unser weltweites Klima.

Die Kehrtwende aus unseren wesentlichen Sackgassen ist dringend von Nöten und noch möglich! Um zu breiter Anwendung zu gelangen, laden auch die im nächsten Kapitel vorgestellten Erfindungen ein. Es geht dabei um einfach umsetzbare Lösungen der Problembereiche unseres industriellen Agrar-, Bau- und Verkehrswesens. Mit diesen Ansätzen lassen sich die Co2-Emissionen, der Verbrauch von Stahl, Beton und Erdöl sowie der vieler anderer Ressourcen um bis zu 80 % reduzieren! Es ist an den Herstellern, das jeweilige Konzept bezüglich seiner technischen Details zu prüfen, und, »*es liegt an jedem von uns - auch wenn vieles nicht von uns abhängt*«.

Zum klimawirksamen Gegensteuern gibt es zwar ganzheitlich ansetzende Analysen, Wissenschaftswarnungen und technische Alternativen. Doch es lässt sich nicht schmackhaft reden, dass eine krass reduzierte Erdölförderung - mit weniger Asphalt, Agrochemie, Zement und Plastik - in unserer überzogenen Konsummentalität einiges an Liebgewonnenem verändern wird. Die Beschlüsse von Rom, COP26 in Glasgow und zuletzt die von 2021 in Paris, mussten bereits einiges in die künftige, ab 2030*?!* wirksame fossile Energiereduktion hineinriskieren - und diese werden jährlich wohl noch nachzuschärfen sein.

Denn angesichts der letzten Pandemie, der fortwährenden Kriege, der großen Naturkatastrophen sowie all dem großen Migrationselend und allgemeinen Desorientierung wird auch deutlich ersichtlich, dass wir nur sehr wenig in der Hand haben, beherrschen und verstehen können. Nichtsdestotrotz, ein ernsthaftes 1,5° C Ziel bedarf nun einer dringlichen »Not-OP«; denn, es gilt so wie bei einem Blinddarmdurchbruch: will man den Patienten am Leben halten, so darf er nicht unbehandelt bleiben! Daher auch die dringliche Forderung, »jetzt« eine gesundheitsorientierte Klimapolitik aktiv voranzutreiben. Es geht ja um's Ganze - um's Sein oder Aussterben! Nur ein Paradigmenwechsel, kann all das was eigentlich ausufernd ist, bereinigen. Dann eröffnen sich auch Einsichten und Wege zu dem hin, woran es uns und der gesamten Biosphäre mangelt: wie etwa an einem gesunden Umgang mit Ackerflächen, Wasser und Luft, und und und. Die Grenzen des Wachstums sind eben bereits sehr real und deutlich spürbar geworden. Daher werden die heute *noch* mächtigen Konzerne, einschließlich OPEC, Automobilhersteller und die großen Energiebereitsteller einlenken und noch auf echt nachhaltig umrüsten müssen. Das Hemd wird diesen wohl näher werden als der Rock. Es wird die Sorge um die entfesselten Naturgewalten sein, die auch jene zum Einlenken veranlassen dürfte.

Ich hoffe, dass diese Gedanken nicht bloß von meinem Zweckoptimismus hergeleitet sind. Sonst bekäme der Spruch »Krieg und Leichen, die letzte Hoffnung der Reichen« Recht. Vielmehr glaube ich, dass Hoffnung langlebiger ist, und dass die schöpfungserhaltenden Kräfte die nötigen Durchbrüche erwirken werden. Diese Hoffnung sollte/könnte/dürfte und wird auch das Interesse und die Logik unserer Finanzmogule, Wirtschaftstreibenden und Politiker mitbetreffen! Dafür lohnt es sich allemal vehement einzutreten.

Zum Eintauchen ... ANTHROPOLOGISCHES ... im Zeitraffer

Betrachtungen über wesentliche Zeit- bzw. Entwicklungsetappen der Menschheit bis heute:

Steinzeit - nomadisierende Jäger und Sammler - Matriarchat - Bronzezeit - Viehzucht - Ackerbau - Naturreligionen - magisches Denken - diverse Hochkulturen - große Weltreligionen - Jesus gründet seine Kirche - Mittelalter - Aufklärung - Industrielle Revolution - Kommunismus - Sozialismus - Kapitalismus - Klimakrise ... und daraus vieles noch heute in unterschiedlichster Parallelentwicklung Gegebene. Auch die Säkularisierung hat diese Spannungen nicht nivelliert.

Bei über 8 Milliarden Erdenbewohnern werden uns Luft, Wasser und andere wesentliche Ressourcen zusehends knapp. Das gängige Wirtschaftsmodell ständiger Konkurrenz entpuppt sich als zunehmend absurd, und es würde uns noch weiter in blinden Raubbau und neue verheerendste Kriege treiben. Jedoch: eine Lebensstandart-Reduktion auf vor 1960 hat noch die Aussicht auf die Klimazielerreichung von 1,5° C.

Trefflich drückt **Naomi Klein** *das praktische wie spirituelle* »*Globaldilemma*« *in ihrem Buch* „*Warum nur ein* <u>*GreenNewDeal*</u> *unseren Planeten retten kann*" *aus. Hier ein Auszug:* „Hinter der Bühne, auf der einige Regierungen den Klimawandel leugnen und andere behaupten, etwas dagegen zu tun, während sie ihre Grenzen befestigen, um sich vor den Klimafolgen zu schützen, steht eine Frage, der wir uns stellen müssen. <u>*Was für Menschen wollen wir sein in der harten Zukunft, die bereits begonnen hat?*</u> Wollen wir teilen, was übrig ist, und füreinander sorgen? Oder wollen wir stattdessen die verbliebenen Reste horten, für »uns selbst« sorgen und alle anderen aussperren?

In einer Zeit der steigenden Meeresspiegel und zunehmend faschistischer Tendenzen sind dies krasse Entscheidungen. Es gibt noch andere Optionen außer extremer Klimabarbarei, bedenkt man aber, wie weit es schon gekommen ist, hat es keinen Sinn zu behaupten, diese Alternativen seien leicht zu realisieren. Es ist weit mehr vonnöten als eine CO_2-Steuer oder einer Neuauflage des Emissionshandels. Wir müssen einen Krieg führen gegen CO_2-Verschmutzung und Armut, gegen Rassismus und Kolonialismus und gegen die Verzweiflung.

Wenn wir eine Zukunft ablehnen, die durch brutale Ausgrenzung von Armen und Unschuldigen gekennzeichnet ist, dann müssen wir die Stärke aufbringen, es mit den Mächtigen aufzunehmen, denen die Verantwortung für die Klimakrise zufällt. Die Vorstellung, gegen den Fossilsektor vorzugehen, kann einschüchternd wirken: Den Konzernen stehen unbegrenzte Mittel zur Verfügung, um Politiker mittels intensiver Lobbyarbeit zur Verabschiedung drakonischer Gesetze gegen Aktivisten zu veranlassen. Und doch ist dieser Sektor sehr wohl durch verschiedene Aktionsformen angreifbar.

In den vergangenen Jahren bestand eine zentrale Strategie der Klimagerechtigkeitsbewegung darin, aufzuzeigen, dass diese Unternehmen amoralisch agieren und ihre Gewinne unrechtmäßig erworben haben, weil ihr Geschäftsmodell im Kern darin besteht, die menschliche Zivilisation zu destabilisieren. Dank dieser Strategie haben Hunderte Institutionen beschlossen, im Zuge des »Divestment« Aktien dieser Unternehmen in ihrem Depot abzustoßen. Unlängst hat die Sunraise-Bewegung ihren Schwerpunkt darauf gelegt, von gewählten Politikern die Versicherung zu verlangen, dass sie keine Spenden von Fossilkonzernen annehmen werden, wozu sich über die Hälfte der demokratischen Kandidaten sofort bereit erklärten. Wenn die regierenden Parteien auf Spenden von Klimazerstörern und Gespräche mit Fossil-Lobbyisten verzichten würden, könnte der politische Einfluss der Branche dramatisch schrumpfen. Und wenn die Medien, angesichts von öffentlichem Druck und entsprechenden Vorschriften, keine Werbung von Fossilkonzernen mehr bringen würden, so wie es bei der Tabakwerbung der Fall war, dann würde der unverhältnismäßige Einfluss der Branche weiter schwinden. Sobald die Debatte nicht mehr durch Falschinformationen verzerrt und eine klare Trennlinie zwischen Erdölindustrie und Staat gezogen wird, wäre der Weg zu wirksamen Vorschriften, die diesem Schurkensektor rasch beikommen würde, klar vorgezeichnet."

Die gute Nachricht ist: Es ist zwar nicht zu erwarten, dass Superreiche ihre krass unsozialen Ansichten ändern, so dass sich die ständige CO2-Anfütterung rasch eindämmen kann. Jedoch braucht es nur eine eher kleine kritische Masse von Leuten, welche deren Abkehr vom derzeit sozial "Ungesunden" letztlich doch auszulösen vermögen. Denn, sobald mehr als 3,5 % der Bevölkerung hinter deren Zielen stehen, können die Lobbyisten der Gegenspieler den Ruf nach Nachhaltigkeit nicht länger stoppen oder ignorieren. Sie werden dann einfach überstimmt! So haben die »SDG`s«* eventuell noch Aussichten auf ihre zeitnahe, reale Implementierung.

Tatsächlich werden heute Konzerne und sogar Regierungen mittels Umwelt-Rechtsanwälten zur Einhaltung der Klimaziele immer öfter auch erfolgreich verklagt. Somit haben die friedlich agierenden »Klimaschutzgemeinschaften« und deren Sympatisanten das zukünftige Potenzial zur Einleitung der großen, anstehenden Erneuerungen. Immerhin leiden längerfristig auch die Allerreichsten selbst unter ihren Doppellügen: den Klimawandel zu leugnen und zugleich am Wissen, dass dieser Wandel Fakt ist - dies stresst und splittet insgeheim ja auch sie selber.

Als klimaneutrale Energieoptionen gelten - nach Langzeitbeurteilung unserer weitsichtigen System- und Klimaexperten - nur noch der Einsatz von Geo- und Solarthermie, Wind- und Wasserkraft sowie Solarfolien, Salzwasser- und Luft-Eisen-Batterien, und Biogas. Auf atomare, fossile, Kobalt/Lithium und, wie auch immer generierte Wasserstoffnutzungen*, müsste - trotz der hohen Energiedichte dieser Stoffe - verzichtet werden. Warum? Eine weiterhin wirtschafts-strategische Blindwütigkeit würde uns unversehens klimatische, soziale und biosphärische "Höllen auf Erden" bereiten. Dieserart »Befeuerungen« - in Verbindung mit chemiebasierter Turbolandwirtschaft, den gleichzeitigen Auswirkungen von Cerealien-Welthandel und Trink-wassermangel - ließen uns noch schneller unter den Druck der rapide ansteigenden globalen Erwärmung geraten. Natürlich sollten wir im Umbruch das CO2 in entleerten Erdgasfeldern einlagern (als Carbon Capture &Storage), zugleich jedoch auf den gänzlichen Fossilausstieg mit aller Kraft hinsteuern. Die *rebound*-Effekte stellen ja ebenfalls einen Großteil der Problematik.

Die technisch vorhandenen Alternativen könnten weitere Verschmutzungen durch den fossilen Energiemissbrauch bereits jetzt ausbremsen. Erst dann eröffnen sich uns gänzlich neue Lebensqualitäten und eine noch mögliche Naturerholung.

*Wasserstoff ist kein Primärenergieträger, der einfach irgendwo abgebaut und verwendet werden kann. Er muss ja erst im Umweg von Erdöl, Gas, Kohle oder durch Solarenergie oder Wasserkraft erzeugt werden.

Der "LAZARUS-EFFEKT"

»Lebensspendender Regen fällt vom Himmel - Zinsgeldströme aber fließen immer aufwärts!«

Angesichts des mächtigen Diktats der maßgebenden <u>Wirtschaftshierarchien</u>* erscheint es mir beinahe unseriös, Hoffnung gebend von einem erwartbaren, menschenmöglichen CO2-Stop zu beschreiben. Hoffnung aber stirbt nie; auch wenn das massive menschliche Massenelend zuvorderst aus dem beschämend-krassen Übergenuss der Zinsgeldströme durch ein paar wenige Nutznießer entsteht. Und das ist einfach deshalb so, weil ... "Niemand kann zwei Herren dienen: entweder er wird den einen hassen und den andern lieben, oder er wird dem einen anhängen und den andern verachten. Ihr könnt nicht Gott dienen und dem Mammon." *Math.6,24* Woanders steht, dass *Gott auf das Herz sieht* und *keiner sich zum Richter aufspiele.*

Dass zur Klimakrise und manch vermeidbarer Kriegskatastrophe real Hauptschuldige zur Verantwortung kommen werden, kann jeder sorglose Prasser in der anschaulichen Lazarusgeschichte in *Joh. 11,41-44* nachlesen. Dies betrifft natürlich keinen der philanthrop Reichen.

* ... abwärts von den Metakapitalien, hin zu Waffen- und Schwerindustrien, zu Ölmultis, Automobilherstellern, und e-Industrien, den Cerealienkonzernen, Pharmabetrieben usw. - reicht diese Hierarchie bis hin zu den Sorgen-beladenen und mühsam ihren Microcredit abstotternden Familien, in deren zumeist prekären Wohnverhältnissen.

<u>Wenn du</u> aktuell bereits unter der Hitze leidest - sie wird in Zukunft leider noch schlimmer und

gefährlicher. Wer schon einmal in heiß-feuchten Gegenden unterwegs war, kennt das Problem: Diese Hitze ist noch viel unerträglicher und drückender. Der Grund dafür ist, dass unser Körper seine Temperatur unter solche Bedingungen weit weniger gut regulieren kann und leichter überhitzt.

Anderseits wird es bedenklicher Weise unter uns Menschen, wegen all der modernen Problemlagen zunehmend kälter. Nachrichten welche uns noch kürzlich tief aufwühlten, erscheinen uns bald weit genug weg von uns - sind verdrängbar, nur um halbwegs sorglos weiterzuleben. So dünkt uns auch der schwärzeste Rauch aller Kaminschlote, der sich ja bei soviel Himmel für unsere Augen in Luft auflöst, als harmlos. Und doch hängt an fast jedem unserer Konsumprodukte das Leid und die bittere Armut ihrer (bislang noch) überseeischen Fertigungssklaven? Es ist jedoch die Gewöhnung an diesen galligen Beigeschmack, welche die Lebensfröhlichkeit unsere Herzen verdüstert! Sie isoliert uns stückchenweise *von-ein-ander* und diese Beziehungsunfähigkeit bringt uns letztlich *aus-ein-ander*.

Daher gilt es, all den seelischen- und atmosphärischen Vergiftungen zu begegnen, und sie mit brauchbaren Alternativen zu überwinden. Auch hat nur ein »GreenNewDeal« jetz schon das Zeug eine »intersektionale Massenbewegung« hinter sich zu versammeln. Diesbezüglich bleiben uns noch viele mögliche Optionen bestehen - zu welchen ich dichin den beiden nächsten Kapiteln einlade ...

Buchtipp: *Maja Göpel* "Unsere Welt neu denken"; *Naomi Klein* - „Warum nur ein GreenNew

Deal unseren Planeten retten kann" und *Katharina Rogenhofer* „Ändert sich nichts ändert sich alles"

»Das Erfundene kann vervollkommnet, das Geschaffene nur nachgeahmt werden.« ___
Marie von Ebner-Eschenbach

Das "Zufallen" guter Ideen überkommt uns meist nachts - im Schlaf - wie ein Geschenk an uns Menschen, das von oben kommt. Andere prinzipielle Möglichkeiten wurden uns von tief unten eingeflößt; wie z.B. der Nutzen aus Uran, Hochrüstung oder der hemmungslose Abbau sämtlicher Ressourcen. Sie brachten uns unsägliches Kriegsleid, stinkende Müllhalden, bedrohliche Dürren, Orkane, Hochwasser und Waldbrände ein.

===============

* S D G`s = „Sustainable Development Goals" Auf dem Nachhaltigkeitsgipfel am 25. September 2015 beschlossen die Vereinten Nationen die **Agenda2030 für Nachhaltige Entwicklung**. Diese Agenda beinhaltet die sogenannten 17 Nachhaltigkeitsziele der „**Sustainable Development Goals**" (SDGs). Damit gibt es zum ersten Mal einen universalen Katalog, der alle Nachhaltigkeitsdimensionen beinhaltet. Das **Ziel** der Agenda ist, <u>bis 2030 globale Entwicklungen nachhaltig zu gestalten.</u>

»Nachhaltigkeit besteht aus den folgenden drei Dimensionen: Dem Sozialen, der Wirtschaft und der Ökologie. Als nachhaltig gilt laut gängiger Definition etwas nur, wenn diese drei Bereiche dabei *gleich gewichtet* berücksichtigt werden und mit Blick auf die Zukunft eine langfristige, tragfähige Lösung bilden«.

2. Kapitel

AUTONOM FAHRENDE ACKERGERÄTE

Mich treibt es leidenschaftlich an, etwas so lange weiterzuentwickeln und zu verbessern, bis es so funktionieren könnte. Neue Wege zu gehen und alte Techniken und moderne Arbeitsverfahren zu kombinieren macht mir großen Spaß. So entstand auch dieses Konzept für den landwirtschaftlichen Gebrauch.

Denn, seit langem sind grundlegende Fehlentwicklungen in der Praxis heutiger Landbewirtschaftung zu vermerken. Der Preis hoher Erträge geht zu Lasten des biogenen Mutterbodens und führte zu permanenter Abhängigkeit von den Produkten dominanter Chemie- und Agrar- und Lebensmittelkonzerne.

Ähnlich einem selbstfahrenden Rasenroboter, kann für diverse leichtere Bearbeitungen im landwirtschaftlichen Gebrauch ein **solarbetriebenes Balkenausleger-Fahrzeug** entwickelt, hergestellt und in der Folge im Landgerätehandel angeboten werden.

Das nachfolgend beschriebene Ackergerät wäre mit mehreren positiven Effekten verbunden: es ermöglicht einen rationellen Biolandbau, ist leicht anwendbar, gut leistbar, zeitsparend und in seinen vielfältigen Einsatzvarianten sehr praktisch.

Zur ersten Raumorientierung dient eines der bei Mährobotern jüngster Generation üblichen Sateliten gestützten Systeme, welches die *in parallelen Zeilen geführten Strecken* (ohne Begrenzungsdraht und ohne Zick-zack-Leerstrecken) abfährt. Die Software "lernt" mit dieser Wegleitsensorik, jede Ackerparzelle autonom zu kartieren. Und so dreht das Gerät am Ackerende jeweils von selbst in die nächste Zeilenposition. Seine stereo-optische Kamera und LiDAR läßt solche Geräte „sehen" was zu tun ist. Die Arbeitsbreite wäre variabel zwischen 1,4 bis 7 Meter*. Das Ackergerät fährt auf vier mit Gummiprofil belegten e-Rädern mit je 500 Watt Leistung** und vier weiteren stromlosen Begleiträdern. Mit seinen etwa 10 m² Dünnschicht-Solarfolien liefert es auch bei diffusen Lichtverhältnissen die durchschnittliche, leistungsabdeckende Strommenge. Eine Hinzuschaltung mitgeführter Akkus stellt einen eventuell nötigen Restbedarf bereit.

Die Energie für die mechanischen Ackerverrichtungen kommt aus einem Carbon-Drucklufttank, welcher am Hof seine Aufladung erhält.

Das Grundgerät wird mit zur jeweiligen Anforderung mit entsprechendem Aufsatz gekoppelt. Eine speziell ausgelegte Bord-Software erkennt z.B. optisch das aufkeimende Unkraut. Eine Reihe hydraulischer Lanzen trennt es punktgenau ab der Wurzel ab und verhindert deren Weiterwachsen. So verschafft das Gerät - bei trockenem Wetter eingesetzt - die entscheidende Dominanz der jeweiligen Aussaat. Auch als Balkenmäher oder zur Heu-Zubereitung hätte es jeweils entsprechende Aufsätze ***.

Mit in 3 m Höhe platziertem Wärmebildsensor könnten z.B. im Gras ruhende Jungtiere im Voraus erkannt- und durch Anhalten des Gerätes verschont bleiben (App-Verständigung aufs Handy). Ein anderer Aufsatz sprüht ökologisches Pflanzenschutzmittel auf, anstatt üblichem "Round-Up"! Der Spritzguttank wäre ein separater Anhänger mit synchronem eigenem e-Rad. Auch lässt sich das Ausbringen einer Wurmkistenernte mittels Aufsatz erledigen.

Jungpflanzen setzen: durch die Kombination mit 2 – 3 »**Paper-Pot-Transplanter**n«: diese bringen pro Minute hunderte Gemüsesetzlinge in den Boden. Im Handel beziehbar durch www.terrateck.com und zu sehen auf: https://www.youtube.com/watch -   https://youtube.be/z4a5qce5Nf4 sowie unter https://youtu.be/z4aS0ce5Nf4 .

Mit einem leichten Scheibeneggenaufsatz der den Oberboden sanft zerkrümelt, lässt sich die *an-sich-fruchtbare-Erde* auch ohne bedenkliche "agrochemische Hilfsmittel" aufbereiten.

Derart autonome Balkengeräte leisten - bei minimalem Arbeits- und Zeitaufwand und geringen Betriebskosten - wertvolle und umweltverträgliche Arbeitsschritte. Im Gerätelager benötigen sie etwa 2 m² und 4 m Raumhöhe. Am Weg zum und vom Feld sind die Ausleger hochgeklappt****. Nur zur Getreideernte und für größere Feldfrüchte braucht es weiterhin die gängigen.Landmaschinen.
Pfleglich behandelte Böden haben gerade ohne tiefes Pflügen ein reich geschichtetes Mikroleben. Erst das tiefe Pflügen macht sie nährstoffarm und beraubt sie ihrer natürlichen Funktion als Mutterboden! Denn, mit regelmäßigem Fruchtfolgewechsel und zuvor sanfter Bodenbearbeitung ist eine Rückkehr zu ertragreichem Bioanbau möglich.   .
Ob mit Direktzuschuss beim Erwerb oder in steuerlicher Absetzbarkeit - es soll für autonome,

solare Ackermobilität, wie schon beim Erwerb eines e-PKWs eine <u>Umweltschutzförderung</u> geben. Denn sonst fährt ein Landwirt ja weiterhin (jährlich 4 – 9 mal) auf seinen Äckern Unsummen fossiler Kilometer ab - Zeile für Zeile für Zeile! Diese CO_2-trächtigen Strecken ersparen uns die leichten, mit Sonnenstrom fahrenden Acker-geräte - in sauberer Weise.

Soziale und wirtschaftliche Aspekte, die mit Nutzung dieser HiTech-Gerätschaft erwachsen:

An den bereits 24.000 bäuerlichen Ökobetrieben Österreichs ergäben sich signifikante Standards und Verbesserungen: die Frauen müssten nicht mehr etliche, monotone Traktor-fahrende Stunden am Acker verrichten. Sie wären aber am Hof und als Mütter bei ihren Kindern. Ihre Männer wäre keine pendelnden "Nebenerwerbsbauern", sondern könnten, an-statt auf Monokultur angewiesen zu sein, vielfältige Früchte in guter Bioqualität ernten.

Das bäuerliche Beackern würde so einem freudlosen Rackern weichen. Die Agrarprodukte regionaler Bauern könnten im Ökoverband - als *Fairtrade-Bio-Lebensmittel* eine erfreuliche Rendite erbringen. Alle Tätigkeit diente dann allgemeiner Lebensmittel-Fürsorge, und wäre nicht nur eine unterbezahlte "Funktion" für eine Nahrungs-Zulieferindustrie.

Diese Entwicklung wäre - einerseits mit Blick auf die steigende Konsumentennachfrage und andererseits mit dem Wunsch zur bäuerlich ursprünglichen Freude und Liebe an Aussaat und Ernte - mit den leichten, selbstfahrenden Balkengeräten bestens ermöglicht.

Solche Gerätschaften könnten von mehreren Kleinbauern gemeinsam angeschafft und genutzt werden. Bei serieller Verfügbarkeit wären sie eine leistbare und bald Gewinne erwirtschaftende Investition und Traktor-Ergänzung.

Biodiverse Lebensräume brauchen zum Schutz der zahlreichen Tier- und Pflanzenarten einenverbindlichen etwa 5%igen Brachstreifenanteil. Dies wäre ebenfalls eine wirtschaftlich vertretbare und unverzichtbare Maßnahme. Auch wären einem Gemeindebudget eine Förderung für ihre Imker (etwa 2 € pro Bienenstock) zumutbar. Sie entgegnen ja einem ansonsten bevorstehenden stummen Frühling!! Solche Maßnahmen führen direkt zu einer raschen Re-Ökologisierung. Auch hierzu wäre eine <u>Umweltschutzförderung</u> sinnvoll. Deren

Bezugsberechtigung ließe sich ja per Drohnenbilder gut kontrollieren.

Die vielen chemisch bedenklichen Allround-Gifte haben die Insektenvielfalt radikal minimiert - und damit leider auch die der Singvögel auf deren Speisezettel Insekten ja stehen. Daher sind 75 % aller Insekten in den letzten 30 Jahren verschwunden! Insgesamt hat es zu wenig der vormals üppigen Vögel, Blumen und Schmetterlinge.

Auch gilt es, der sich im Turbokapitalismus global vollziehenden Entwicklung einer rapiden "Landflucht" und ungesunden Verstädterung mit »technisch Neuem« ehesten Einhalt zu gewähren! Ohne Neubesiedelung der Naturräume, also der „Heimkehr" aus der oft fatalen und unglücklichen Verstädterung, werden wir die Kurve in eine lebensnahe Zukunft kaum hinbekommen. Manche folgen dieser wertvolleren Orientierung bereits und beziehen alte Bauernhöfe. Die menschliche Ernährung mit LEBENsmitteln beruhte ja seit je her auf den vormals eher Kleinbäuerlichen Strukturen und deren Mischkulturanbau.

* Die Balkenarme bestehen aus vier 1,5 m langen, abnehmbaren Elementen mit jeweils einem Rad. Deren Armgelenke bewirken eine flexible Bodenanpassung. Dem Auslegerrahmen sind die PV-Folien aufsteckbar. PV-Folien erzeugen z.B.: ARMOR solar power films, Heliatek®, Flisom, Alwitra-Evalon cSi®, FirstSolar®, Nanosolar®.

** Die 10 cm breiten Alu-Flachfelgen sind im Vollkontakt von einem Gummiprofil ummantelt und brauchen keine *anfällige Luftschlauchbereifung. Deren Radspeichen münden an den Naben bzw. dem 500 Watt starken Nabenmotor. / Das 1 m breite Mittelteil führt den Drucklufttank und die Akkus, welche am Hof mit dem PV-gespeisten Kompressor und der Ladestation reaktiviert werden.*

*** Am Hang wird die Arbeitsleistung effizienter weise nur bergab fahrend erbracht. Das Tempo wird je nach Leistung etwa zwischen 10 und 25 km/h liegen.

**** Auf dem Weg zum Feld oder zum Hof wird das Gerät, auf dem Mittelteil sitzend, per Joystick gesteuert. Dazu erfolgt die passende Sicherheitscode-Eingabe. Alle Feldarbeit ist per App steuer- und überwachbar. Im Lifecycle bieten die ca. 50 kg Alu-Rohrstreben (+ 40 kg Rädergewicht) zur Gänze bestes Recycling-Rohmaterial für weiteres.

———   ———   ———   ———

Die vertraglich festgelegten SDG's müssen von den Unterzeichnerstaaten innerhalb fixer Zeitpläne aktiv umgesetzt werden. Diese Ziele sind mit den jeweiligen Lenk- und Förderinstrumenten - zum Gemeinwohl und um der Schöpfung willen - notwendig und auch erreichbar. Global taugen mehr als die Hälfte der von Menschen besiedelten Böden, auf Grund ihrer geologischen Gegebenheiten, *nur* für die Forst- oder *nur* zur Viehwirtschaft. Jedoch sollten die Nutztiere dieser Regionen weder ein ständiges Stallleben fristen, noch unsinnige Zufütterungen erhalten, noch überseeische Exportgüter darstellen welche u.a. große Amazonasgebiete in Wüsten verwandeln; sie sollten also so natürlich wie möglich leben können.

Die Nahrungsmittelindustrie und der Agrochemieeinsatz haben die Kleinbauern mitsamt ihren Böden "ausgeblutet", und so verkauften unzählige Bauern ihre wenigen Hektar Land. Nicht wenige ehedem stolze Bauern haben sich vor Not und Verzweiflung sogar umgebracht! Eine Umkehr beginnt über das Erkennen der Zusammenhänge von: Mono"kultur", Artensterben, Extremklima, rastloser Eile und das vom Markt gesteuertem Konsumverhalten, Land"flucht" und Verstädterung - um nur einige zu nennen.

Diese patentfreien Anregungen brauchen nun regionale Umsetzungen von unseren Landtechnik-Herstellern und durch die entsprechende Agrarpolitik - das ist meine starke Vision ... Bisher scheinen meine in sich nachhaltigen Erfindungen - aufgrund schlafender Politik und verharrender Industrien - noch nicht voranzukommen. Obwohl, auch diese könnten - alleine als bloß technische Verbesserungen - auch noch nicht gerade die Arche eines Noah hergeben.

Eine solche Arche stellt aber z.B. ein gesunder, großteils Natur-überlassener Wald dar: er speichert Unmengen an Wasser, verdunstet eine Vielzahl der Aerosolen welche zur Wolkenbildung nötig sind, er hebt den Grundwasserspiegel an, ist pure Biodiversität und Erholung, und er liefert außer Sauerstoff, ausreichende Mengen an Holz, welches ja immerfort nachwächst. Unter 800 bis 1.000 Höhenmetern sollten eigentlich nur Laubgehölze stehen!

Hier stelle ich LINKS zu zukunftstauglichen, ebenso non-fossilen Ansätzen vor:

www.arche-noah.at.Samenbankprojekt
www.pveurope.eu/installation/flower-power-better-field-irrigation-water-harvesting-flower-strip-photovoltaics
www.oekoregion-kaindorf.at

www.fmnr.org = Farmer Managed Natural Regeneration

www.cgiar.org
www.plant-for-the-planet.org
www.sonnenerde.at

www.aquakulturinfo.de.-Aquaponik
www.verticalgardening.de
www.youtube.com/elcarbonero

Wurmkiste - selber bauen / # Terra Preta / # Holzkohleöfen.

BUCHTIPP: des Försters *Peter Wohlleben* – Das geheime Leben der Bäume.

---------------   ---------------

Flower Power bringt Blühstreifen + Windschutz + Water harvesting + wirtschaftliche Solaranlagen auf den Acker und erhöhen somit die Dürreresistenz und steigern den Agrarertrag. Es ist eine Landwirtschaftsförderung durch ökonomische Solaranlagen.

Siehe: https://www.pveurope.eu/installation/flower-power-better-field-irrigation-water-harvestingflower-strip-photovoltaics

Hauptvorteil - wegen den auf 2,5 Meter hochgestelzten Solarerntefeldern kann dieBoden-flächefläche darunter frei bearbeitet werden und Erträge von schattenliebenden Nutzpflanzen einfahren.

Wir haben im deutschen Raum noch immer genug Regen, aber der ist schlechter verteilt und kann von den Feldern nicht richtig aufgenommen werden. Wenn es denn regnet, dann oftmals auch in Form von Starkregen. Auf den ausgedörrten Flächen fließt das Wasser dabei einfach ab und nimmt auch noch die gute Erde mit. Hier kann Flower Power helfen.

Diese Blühsteifen-Photovoltaikanlagen verfügen im Gegensatz zu anderen Anbietern zusätzlich auch über Windschutz Elemente und Vertiefungen zur Wassersammlung. So verbinden wir Biodiversität, Artenschutz, Insektenschutz und Stromerzeugung mit Ernährungssicherung. Es steht etwas weniger Anbaufläche zur Verfügung, hat aber höhere Erträge und ist besser vor den Folgen der Klimaerwärmung geschützt.

Auch nach nord/süd-ausgerichtete, senkrecht montierte PV-Zeilen wären gut für eine doppelte Bewirtschaftung zu Solarstrom und landwirtschaftlicher Ertragsfläche geeignet. Sie ernten auf ihrem 1 m breiten Blühstreifen aus ost & west die Energie, bieten Windschutz und Teilbeschattung und lassen 95% als Anbaufläche über. Das sind also 18 Meter-Streifen biodiversen Ackerbodens.

= = =

Hoffen auf Regen - *von Mathias Fellinger*

Alles Menschenmögliche, wenn es getan ist, und darüber hinaus nichts mehr getan werden kann, dann ist die Zeit des Hoffens gekommen.

Hoffen auf Regen und beten um Regen. Endlich Regen! / Menschenmöglich: Den Acker erwerben, den Boden planieren, Maschinen pflegen, das Korn in die Erde bringen. Und warten. Und hoffen. Doch das Saatgut hast du nicht selber gemacht, kein einziges Korn, und auch den Boden nicht, diesen Urgrund aus Sternenstaub. Menschenunmöglich.

Staub, Sonne und Regen. Und Leben. Du kannst es nicht machen. Hüten, bewahren, beleben. Kaufen, planieren, benützen. Backen, genießen. Das kannst du. Leben erschaffen nicht! Menschenunmöglich!

Der Mensch ist ein Hoffender auf Regen. Wenn es getan ist, das Menschenmögliche, und der Regen gekommen ist, den du erhofft hast, dann lade zu Tisch und erzähle von deiner Hoffnung auf Regen.

Und teile.

Und lache.

Und lebe.

= = =

TUBEWAYSOLAR

Entwicklungsstudie zu einem solar-pneumatischen Leitstreckenverkehr

Kurzfassung

Es war im Millenium, als mir die gedankliche Verbindung von einer Rohrpost zu einem modernen Verkehrssystem aufleuchtete. TubeWaySolar war geboren.

TubeWay könnte die Antwort auf viele Herausforderungen unserer Zeit sein: einerseits Mobilität langfristig zu erhalten und andererseits die Umwelt nicht weiter durch CO_2, Lärm und Gestank zu belasten.

Es war mir bald klar, dass der Antrieb dafür ausschließlich von der Sonne kommen soll. Auf den Röhren großflächig aufgebrachte photovoltaische Folien erzeugen elektrischen Strom aus Tageslicht.

TubeWay gleitet widerstandsfrei, leise und emissionsfrei in langlebig wartungsarmen Rohrstrecken - und hat die Kapazität einer 6-spurigen Autobahn. Geschwindigkeiten bis zu 300 Stundenkilometer können erreicht werden.

Die Strecke verläuft auf eleganten Hochtrassen in durchschnittlich 7 Meter Höhe. TubeWay beansprucht nur wenig Grund und Boden. Natürlich gewachsene Lebensräume bleiben für Menschen, Tiere und auch für die landwirtschaftliche Nutzung erhalten.

TubeWay dient als Personenverkehr wie auch zur Güterbeförderung. Sicherheit wird bei TubeWay großgeschrieben: das gesamte Streckennetz wird über computerunterstützte Leitzentralen gesteuert und überwacht.

TubeWaySolar hilft, die Energie- und Mobilitätswende voranzubringen. Mein großes Anliegen ist es, dass wir unseren einzigartigen Planeten schützen und unseren gemeinsamen Lebensraum erhalten.

Im Weiteren wird auf die technischen Funktionen, deren Systemsicherheit und auf die wesentlichen Geschäftsaspekte näher eingegangen.

Siehe auch mein Video in: lnkd.in/g85nipjy >> TubeWaySolar - for a clean future.

Teil eins:

TubeWaySolar – SiS

Veranschaulicht ist hier das "TW Sit-in-Surf" Netzsystem mit etwa 1,8 m Innendurchmesser und seinen ca. 15 m langen Kabinen. Seine Anwendung wäre dem urbanen und im ländlichen Raum und als Regionalverkehrsnetz-Strecke von großem Nutzen.

Die durchschnittlich in 7 Meter Höhe Strecke besteht aus Sandwich-Rohrmodulen. Die mit XPS Hartschaum-gefüllten Stahlblech-Spiralrohre haben einen Innendurchmesser von etwa 1,9 m. So sind die Rohrwege ausgesteift, wetterfest und jeder Terrainbelastung gewachsen. Zur Herstellung gerader Module bleiben die parallelen Blechstreifensäume unbeschnitten. Für unterschiedliche Kurfenradien erhalten diese Säume jedoch - vor deren Verfalz - ihren jeweils entsprechenden Ränder-Zuschnitt. Die Länge der Rohrmodule wäre etwa 18 Meter. Ihr O-Ring-Muffenende ist jeweils auch Dehnfuge. Die Distanz der Pfeilerbögen beträgt ca. 90 Meter.

Die fensterlosen Kabinen bieten etwa 60 Sitzplätze. Eingespielte Musik, Kurzfilmauswahl oder per Monitor die vorbeiziehende Landschaft, bieten sich an jedem Sitzplatz an.

Dem Platzbedarf für Kinderwägen und Rollstuhl sind 2 m des Innenraums zu widmen.

In jeder Sitzplatzreihe finden je drei Fahrgäste einen bequemen Reiseplatz.
Mitgeführtes Gepäck findet jeweils unter dem Sitz seinen Stauraum; mit kleinem Klapptisch, Strom- und Internetanschluss wird ein moderner Reisekomfort angeboten. Das Interieur wird optimal aus natürlichen Leichtbaustoffen (z.B. OSB3 oder Bambus) gefertigt.
Im regionalen Kurzstreckennetz werden keine Bordtoiletten geboten, jedoch verfügen größere Stationen über Toiletten.

TW-SiS fährt im Stadtbereich mit max. 85 km/h; im Regionalbereich erreicht es bis zu 190 km/h. Innerstädtisch verlaufen die Streckenführungen knapp über die Gebäude hinweg und ruhen teilweise auf diesen.
Als Güterkapazität bietet TW SiS Platz für etwa 18 Paletten mit bis zu etwa 5 Tonnen Frachtgewicht an.
Alle vorgeschlagenen Dimensionen gelten hier bloß als das Konzept umschreibende Schätzungen.

Im "TW SiS" wie auch dem "TW IC" (Teil 2.) werden die Benutzer über das Ticket bzw. den Frachttarif zeitlich gesteuert; zwischen 23h und 6h früh dienen die Kabinen als Frachtkapseln. Dazu werden die Sitzbänke ausgelagert und geben dem Güterverkehr Platz. Es erledigt in diesen sieben Nachtstunden den Warenaustausch und Zustellverkehr im ruralen wie auch urbanen Bereich. TW Sit-in-surf wie auch TW Intercity bieten eine hohe Beförderungsdichte. Somit wären sie ein zukunftsweisendes, übergeordnetes Verkehrsnetz, mit Anschluss an bestehende Verkehrsknoten.

Wie funktioniert TubeWaySolar technisch?

Grundsätzlich ist TW als Zwei-Richtungs-Strecke angedacht, welche mit flexiblen Abstandshaltern parallel zueinander geführt werden. Trageseile*, Röhrenverbund und Pfeilerbögen gewähren die erforderliche Befahrsicherheit der-art ausgeführter Hochtrassen.
Die durchschnittlich in 7 Meter Höhe Strecke besteht aus ca. 17 Meter langen Sandwich-Rohrmodulen. Die mit XPS Hartschaum-gefüllten Stahlblech-Spiralrohren habent einem Innendurchmesser von etwa 1,9 m. Die brückentechnische Statik trägt eine Zweirichtungsstrecke, die Gleiteinheiten und den Medienstrang. Einer Bogenstütze kommen ca. 30 Tonnen Streckengewicht plus ~ 13 Tonnen an Befahrlasten zu tragen. Die schlanken Strecken-Pfeilerbögen halten - per schwingungsfreier Spannseiltechnik - die TW-Strecke auf ihrem Kurs.
Jede Kabine gleitet im permanenten Luftstrom zu ihrem vorcodierten Ziel. Sie gleiten auf einer 1 m breiten, Kork unterlegten, spiegelglatten Nirosta-Stahlblechrinne. Die Sohlen der Kabinen tragen 80 längs ausgerichtete Gleitstreifen (3 x 30 x 2000 mm) aus unverwüstlichem Teflon**; jeder Streifen ist bis zum inneren Kabinenboden mittels Nietverbund fixiert. Auf diese ebenso

mit Kork unterlegten Streifen, verteilen sich je Streifen, bei Kabinen-Volllast bis zu 100 kg. Sie bilden den dynamischen Kontakt zur Hochglanzrinne. Am Beginn dieser Streifen münden Hartplastikleitungen in jeweils eine 0,5 mm Düse (die Zuleitungen sind in der Korkebene eingefasst). Angeschlossen an einen elektrischen *Bordkompressor* spenden die Düsen einen gleitoptimierten Presslufteintrag. Der Presslufteintrag hebt also die Kabinen aus trockener Gleitreibung in ein permanentes „Mikroschweben". Der Gleitreibungskoeffizient liegt hierbei im äußerst niederen Bereich von ~ 0,01. Die koordinierte Luftdrucksteuerung zu Tempo und Bruttogewicht bewirkt, dass die Zweimeter-Streifen immer über eine hinreichende Luftpolsterung verfügen.

Der innere Kabinenboden besteht aus einem mit Kork unterlegtem 3 mm Alu-Riffelblech.

Der Rohrdurchmesser ist nur eine gemittelte Empfehlung, in dessen Dimension die gängigsten Stückgutgrößen ihr Beförderungsvolumen finden. Große oder zu schwere bzw. mit TW nicht transportierbare Gefahrengüter fasst dieser Durchmesser nicht. Diese werden weiterhin mit Bahn- und Frachtbetrieben befördert

Die Kantprofil-Stützbögen mit ihren Verschraubsockeln tragen die zwei Strecken. Der Bogenzenit hält die Spannseile, an welchen die Streckenmodule abhängend getragen werden. // Die Spannseile sind ultraleichte Faserseile der Hersteller Dyneema, Teufelberger oder Trowis. Sie sind stärker als Stahl, UVstabil, leicht, wasserabweisend und preisgünstig.

** Was ist PTFE (Teflon)? *Es handelt sich um ein unverzweigtes, linear aufgebautes, teilkristallines Polymer: die das Kohlen-stoffgerüst umgebenden Wasserstoffatome sind durch Fluoratome ersetzt worden. PTFE besitzt eine ungewöhnliche Kombination von hervorragenden chemischen, physikalischen und elektrischen Eigenschaften, welche bisher von keinem anderen Kunststoff erreicht worden sind.*

Die Temperaturbeständigkeit von PTFE liegt zwischen -140°C und +260°C. Kurzfristig sogar bis +300°C. Bei Temperaturen über 327°C wird PTFE teilkristallin, über 400°C setzt es toxische Stoffe frei. PTFE hat einen sehr geringen Reibungskoeffizienten. Wobei die Haftreibung genauso groß ist wie die Gleitreibung. Umgangssprachlich wird PTFE häufig mit dem Namen Teflon® gleichgesetzt, bei dem es sich den Markennamen des US-Amerikanischen Konzerns DuPont, handelt. Auch der extrem schwSSere Sarkophag für den defekten Tschernobilreaktor konnte nur mittels Teflonplatten verschoben werden. PTFE ist im Verhältnis zu aktuell gegebenen Schienenrädern oder Gummibereifungen äußerst kostengünstig.

Nun zum Antrieb:

E-Lok-Vortriebskapseln* agieren in Abständen von 3 bis 7 km als alles anschiebende Pneumatik-Antriebe. Auf acht Kevlar-verstärkten Antriebsrädern fahrend, übertragen diese Lokomotiven ihre relativ sparsame Bullenkraft von gerade einmal ~ 3 kWh/km *pneumatisch* auf die stirn- und heckseitigen Deckschilde der Kabinen. Diese Vortriebskraft erreicht so auch die vorderen und nachfolgenden Gleiteinheiten zu dualer Sog/Druck-Leistung.

Die gelenkigen, ca. 2,6 Meter langen E-Loks folgen jeweils ihrer logistischen Arbeitsdiktion und wechseln bei Bedarf über Umkehrbögen auf die Gegenfahrspur oder in Bereitschaftsschleifen. Mit der Luftstromdynamik und der sanften Kraft von Sog und Druck, zieht und schiebt jede E-Lok bis zu ~ 35 Einheiten mit sich. Dies vermittelt dem gesamten Non-Stop-System eine hohe

Gleitverlaufsruhe.

Tempoänderungen erfolgen in kaum merklichen, sanften Übergängen und geschehen so: Per Sensor werden die E-Loks auf das jeweils gewidmete Tempo, direkt vom Streckenabschnitt her, geschaltet.

Um am Ort der Tempoänderung zu mehr oder weniger Abstand zwischen den Einheiten zu gelangen, wird die bei der Verlangsamung als Überschuss anfallende Luft - mittels einer Rohrbogenverbindung - auf die Beschleunigungsseite vis-a-vis übergeleitet. Die Energie aus der Verlangsamung wird so vis-a-vis als pneumatisch verlustfreie Schubkraft eingebracht. Hinzu ermöglichen auf der Strecke verteilte "Kamine" eine ein- bzw. ausleitende Luft-Volumensteuerung und besorgt so auch den Austausch mit frischer Luft.

Die hier komplex auftretenden laminar turbulenten und Grenzschicht ablösenden Strömungen brauchen zur Gesamtplanung der Rohrwegspneumatik natürlich hochkarätige Fachkräfte, u.a. aus der Strömungslehre.

Um den Luftstrom abzudichten, hat TWS eine Reihe von berührungslosen Filzdichtungen um den Kabinenzylinder angebracht. Als Mehrkammerdichtungen bilden sie innerhalb ihres Profils rotierende, vollständig abdichtende Luftwalzen aus. Die Überdruckdynamik der sich während der Fahrt selbst aufblähenden Luftwalzen, verhindert ein Vorbeiströmen des Antriebsmediums an derart hermetischen Dichtungen. Auch die e-Lokomotiven sind von mehreren dieser Dichtungen umringt.

Rohrpost ähnliches TWS? Der schottische Ingenieur William Murdoch führt 1819 nachweislich eine Reihe von Experimenten mit Druckluft durch und entwickelt das erste pneumatische Nachrichtensystem, das später als Rohrpost bekannt wird.

Alle Loks und Kabinen verfügen über kurventaugliche Gelenkverbindungen. Leer wiegen die aus Flugzeugaluminium gefertigten *Kabinen* ca. 2300 kg und bieten in Reihen mit je drei Sitzplätzen bequemen Aufenthalt.

Mitgeführtes Gepäck findet jeweils unter dem Sitz seinen Stauraum; mit einem Klapptisch und

Strom- und Internetanschluss wird ein moderner Reisekomfort angeboten. Das Interieur wird optimal aus natürlichen Leichtbaustoffen (z.B. Bambus) gefertigt.

Die innere elektrische Versorgung wird mittels einer Kontaktbürste von einem im Rohrtop verlegten Flachleiter empfangen. Diese Kontaktbürste wird an einer Federdruckstange am Heck nachgezogen.

Eine Klimaanlage regelt die Frischluftzufuhr und die Innentemperatur des im Heck-Top angelegten Frischlufteinlasses. Die gefilterte Kabinenluft durchströmt die Fahreinheiten - in dosiertem Normaldruck - von hinten nach vorne.

Der Platz für Kinderwägen und Rollstuhl ist im Einstiegsbereich gegeben; diese Passagiere dürfen dort auch aussteigen.

Öffentliche Stationen sind dem dynamischen Hauptstrom als Bypass angefügt. Am Haltepunkt (meist über bestehende Verkehrsknoten) befördern zwei Fahrgastlifte die zu- bzw. aussteigenden Fahrgäste auf das Trassen- oder Bodenniveau.

Die Anfahrt der Kabinen in der parallel-separierten Stations-Bypasröhre geschieht mittels hydraulischer Hebelkraft. Die Energie für die Erstschubhilfe im Stationsbereich kommt zu ~ 70 % von der zurück eingespeisten Bremsenergie ankommender Einheiten; sie übertragen diese Kraft auf im Boden eingelassene Schwungrad-Dynamos.

An jeder Fahrgäste-Station (welche nachts als Güter-Verladeort benützt werden) wird die zulässige Beladung der Gleiteinheit gewogen; dem e-Bordkompressor wird der genau nötige Leistungsaufwand übermittelt. Auch wird der genaue Startmoment zur Einreihung, in die Permanentströmung des Hauptrohres, berechnet.

Schon beim Anfahren entsteht die beschriebene, hermetisch dichtende Luftwirbel-Barriere.

Am Ende vom Stations-Bypass befindet sich (wie an der Einfahrt) ein Schleusentor. Dort setzt ein zweiter Hebelkatapult an und beschleunigt von den zuvor bereits 40 km/h auf die 65 km/h des Hauptstroms. Von da ab befindet sich jede Kabine in der logistischen Steuerung des Hauptstroms. Die Schleusentore arbeiten als flinke zweiflügelige Schiebetüren.

TW-IC

34

An Abzweigern teilt sich das Rohr auf; und beginnt mit der als Weiche gegabelten Rinnen-wippe. Die Zielvorgabe der Kabine orientiert zuvor die Weiche, während die andere Rohr-wegschleuse automatisch schließt. Am Abzweiger sitzt den Rohren je ein großer Lufteinlass auf. Diese besorgen den aktuellen Volumenbedarf ihrer Strecke.

An Zubringern wird ein gesteuertes Reißverschlussprinzip wirksam. Hier wird ein zuviel an Luft nach außen entlassen. Dort befinden sich auch Wende- bzw. Warteschleifen für den durch die Steuerzentrale konzertierten E-Lok-Einsatz.

In Kurven folgt das Lastgewicht seinem ungehinderten Schwung. Die Gleitrinnen sind dort breiter ausgeführt. Durch die Schwerpunktfreiheit sind die Kurven bei jeidem Tempo kaum zu fühlen. Auch Warenkapseln erreichen mit unverschobener Ladung ihre Destinationen. Pro Stunde sind 5 - 15 Messpunkt-Einheiten das Aufkommensideal.

Zu den solaren PV-Folien:

Durch die Belegung von 2/3 der Rohrstrecken-Oberfläche mit *hinterlüftetem* PV-Thinfilm* er-halten die Strecken ihre kühlende Beschattung *und* bieten jahraus, jahrein enormen Stromge-winn. Diese leichten „Solarhauben", sind im 5 cm-Abstand auf eigenen Trägerblechen appliziert und werden am Top durch einen schmalen Luftauslass offen belassen. Sie liefern dem gesamten System seinen 24-Stunden-Strombedarf und ernten selbst bei nur diffusem Tageslicht elektri-sche Energie. Nur die Sonne liefert Strom ohne Rechnung!

Über den Tag entstehende Stromüberschüsse erbringen per Netzeinspeisung, die nächtliche Mobilitätsleistung**. Die sommerlichen Überschüsse lassen sich an streckennahe Verbraucher zuleiten. Alle Jahre werden die PV-Zellen und Rohre mit einer Nanoschicht für selbstreinigen-den Lotus-Abperleffekt konserviert. Schneelasten rutschen auf dieser Beschichtung und wegen

der Reflexionswärme der dunklen PV-Oberfläche zu beiden Seiten ab.

 * *Derzeit zeigen Anbieter wie: ARMOR solar power films, AltaDevices, Flisom, Heliatek, Alwitra-Evalon-cSi, FirstSolar, Nanosolar od. Solaronix mit ihren AgAs, OLED, DSSC, PSC oder CIGS- Dünnschichtzellen ein gutes Preis-Leistungsverhältnis. Sie sind zuschneidbar, leicht, selbstklebend, rahmenlos, problemlos zu recyclen und auch bei*

diffusem Tageslicht ertragreich. GaAs sind Galium-Arsen-Cells und CIGS-Cells und Preisgünstiger als die steifen, schwere Silizium-Paneele. Sie nutzen ein breiteres Lichtspektrum aus, und haben daher auch bei diesiger Wetterlage annähernd große Leistungsabgaben wie Siliziumzellen, welche ja nur bei direktem Sonnenschein Stromerträge liefern. OLED und CIGIS Folien sind von leichtem Gewicht, haben eine hinreichend hohe Lebensdauer; auch stellen sie kein Abfallproblem dar.

** Zur Problematik eines generell wachsenden Speicherbedarfs für Stromüberschüsse gibt es den Ansatz von z.B. ADELE, das ist ein Druckluftspeicher-Kraftwerk oder von Prof. Eduard Heindl den www.lageenergiespeicher.de .

<u>*Michael Walde*</u>, Dip. Ing. für Hochvakuum- und Dünnschicht-Applikationstechnik schrieb mir am 18.11.2017 über LinkedIn:

„Ich denke, die Idee ist sehr gut. Habe mal die Kalkulation mit Dünnschicht-Solaroberflächen auf die Transportrohre (grob) durchgeführt und kam zu dem verblüffenden Ergebnis, dass bei einer angenommenen Entfernung von 400 km bei einer Raumausnutzung von 50% auf dem Rohrdurchmesser immense Energiemengen zur Verfügung stehen würden: mindestens etwa 1,6 Millionen Quadratmeter für den solaren Gebrauch.

Bei einem jährlichen solaren Mittel von 1200 kWh / m² und 15% Wirkungsgrad liegt 105 W / m², also 168 kW, werden auf der berechneten Fläche der Strahlungsleistung zusammengefasst. Eine Elektrolokomotive benötigt rund 15 kWh / km [DB AG]. Bei einer Fahrzeit von 3 Stunden und einer Entfernung von 400 km würde die durchschnittliche Leistung pro Lokomotive 1500 kW betragen.

Die erzeugte Energiemenge würde daher für den Betrieb einiger Lokomotiven auf der fiktiven Strecke ausreichen; auch sollten die Rohrlokomotiven noch effizienter laufen als eine herkömmliche Elektrolokomotive. Interessant, auch wenn meine angenommenen Werte die Fakten sehr vereinfacht widerspiegeln."

<u>TubeWaySolar bietet technische Lösungen zu folgenden Problemen heutigen Verkehrs:</u>
Anders als bei der Magnetschwebebahn, belastet TubeWaySolar weder die Gesundheit der Fahrgäste, noch die, der streckennahen Anrainer mit der bedenklichen mikro-Tesla-Strahlung* starker Magnete
CO2-Emissionen, Lärm sowie Reibungsverluste und die Verwendung fossiler Treibstoffe entfallen bei „TW" gänzlich
TubeWaySolar umgeht die Luftbedingungen, die im Freien herrschen, wo mit zunehmendem Tempo der Widerstand zum Quadrat ansteigt
TubeWaySolar überwindet spielerisch Höhen, überquert in Leichtigkeit Flüsse und Täler. Ein zu Bergfahrten normalerweise erhöhter Kraftaufwand bleibt diesem hermetischen System, durch das nachfolgende Abwärtsgleiten gleicher Lasten, nahezu gänzlich erspart
hohe Kosten zur Instandhaltung von Straßen, Autobahnen und der zumeist leeren Bahngeleise

Emissionen von Umweltgiften und Lärm; krankmachende Auswirkungen
Verschwendung wertvoller fossiler und anderer Ressourcen
- bei hohem und kurzlebigem Materialaufwand und
hohem Flächenbedarf für den Verkehr
Unfallhäufigkeit und Folgeschäden
Zeitverluste durch Staus und Stress

»TubeWay´s bieten also die Lösung zur Klima-notwendigen Verkehrswende an«

Physikalisches zu TubeWaySolar

Die Abschätzung des Energiebedarfs zur Erzeugung des Luftstroms ist mit der Rechnung „Rohrquerschnittsfläche mal Geschwindigkeit mal Druckaufwand" ermittelbar. Pro Gleiter gilt ein Wert zwischen *Hagen-Poiseullscher* Gleichung und *Reynoldscher* Zahl.

Wirkt auf unser Kabinenheck mit 3,2 m² Kreisfläche ein Druck von nur einer Zehntel Atmosphäre (= 0,1 kp/cm² oder eine 10 cm hohe Wassersäule), so wirkt auf die Kabine schon eine Kraft in Bewegrichtung von 3200 kp; damit würde ein Gewicht von 3 Tonnen in 5 sec auf über 75 km/h beschleunigt.

In TubeWay ist Luft das Antriebsmedium, welches nur von der lateralen Rohrwandreibung eine gewisse Kraftminderung erfährt. Die entstehende Lateralströmung zur Rohrwand, ist im Verhältnis sogar weit geringer, als z. B. beim Durchfluss von Wasser in einem Gartenschlauch.

Wie sicher ist TubeWaySolar in Betrieb und als Struktur?

Die TW-Netze unterliegen – wie auch bei Eisenbahnnetzen üblich – nationalstaatlich separierten Gebietskörperschaften.

Dennoch braucht es einheitliche Standards – z.B. zur Netzerhaltung und Wartung. So sollen auch alle TW-Netze einen global einheitlichen Norm-Durchmesser aufweisen.

Als Verkehrsmittel der Zukunft ist TubeWay sensibel zu leiten und zu überwachen. Mit neuem Hochstandard für sicheren Beförderungsbetrieb setzt es auf Funk- und Glasfaser-Telematik sowie auf ein bestens ausgebildetes Betreuungs- und Fachpersonal in allen Bereichsstrukturen. An Ausbauenden führt eine Wendeschleife den Verkehr zur gegenläufigen Streck bzw. kann dieser per weitläufigerer Führung in großer Wende über anderen Streckenverlauf retour führen. Alle Systemfunktionen sind durch sich gegenseitig kontrollierende Rechenanlagen und Notstromaggregate abgesichert.

Nur Fahrgäste mit personaler, aktiver TW-Wertkarte können das Netz betreten und innerhalb der gebuchten Routen nutzen.

Die Rohrtunnel sind gegen Begehungen so abgesichert, dass nur Zu- und Ausstiege in die Gleitkabinen möglich sind. Jeder Bahnsteig verfügt über Aufzeichnungsvideos und über mindestens einer Aufsichtsperson vor Ort.

Jede Kabine verfügt über eine Direktsprecheinrichtung, Feuerlöschdecken und ist Kamera-überwacht. Zur Anlagensicherheit sind die Strecken punktuell mit einer Druckanomalie-Erkennung ausgestattet und verfügen an sensiblen Punkten über äußere Schall- und Bewegungsmelder, und eventuell eine Nachtsichteinrichtung.

Die definierten Hochsicherheitsprogramme in der Logistikzentrale arbeiten unter ständiger Beaufsichtigung. Die höchste Entscheidungsinstanz bleibt bei menschlichen Systemüberwachern. Eine eventuell notwendige Ausbremsung eines Abschnitts wird in der betroffenen Regionalzentrale durch örtlich begrenzte Umleitungen eingeleitet.

Bei einem Stopp, mit der Notwendigkeit auszusteigen, erfolgen Anweisungen aus der jeweils zuständigen Zentrale.
Reparatur- oder Rettungstrupps sind dann sofort instruiert und begeben sich entsprechend ausgestattet zum Ereignis.
Die Front- und Heckseiten der Kabinen verfügen über im Akutfall offene Fluchttüren; und an jedem Pfeilerbogen bietet die Strecke einen im Notfall benützbaren Zu- bzw. Ausgang plus Notabstieg (über querstellbare Leitersprossen).
Tritt der Bremsbefehl für einen Streckenabschnitt in Kraft, dann vermeidet ein Umleitsystem (per Umkehrschleifen, eine Station oder eine Parkschleife) diesen Abschnitt.
Einheiten hinter einer Handicapzone verlassen diese einfach; doch jene unmittelbar vor Ort werden angehalten und pneumatisch retour zur letzten Ausweiche gebracht. Die Beförderungen im Gesamtnetz bleiben somit unberührt.

Ein Auffahren lassen die Vorgaben der TW-Technik nicht zu. Letztlich fände ein stark komprimierter Luftpolster über die Gleitkapsel-Dichtungen zu einem gedämpften Bremsweg. Zudem sind die Einheiten, wie auch die einzelnen E-Loks, über die Zentrale abbremsbar.
Die transversal beweglichen Muffen-O-Ringe zwischen den Rohrmodulen, bieten den Betriebsstrecken selbst bei Hochwasser, Sturm oder mittlerem Erdbeben günstigen Verwerfungsspielraum und Bergemöglichkeiten.
Die TW-Pfeilerbögen, die sich nahe dem Bodenverkehr befinden, müssen bautechnisch einem eventuell schweren Aufprall entgegenhalten können und werden in entsprechender Bewährung umbaut. Gefahrengüter bleiben weiterhin der Straßenfracht und dem bewährten Bahn *park-and-rail* anvertraut.
Sämtliche TW-Komponenten werden in festgelegten Zeiträumen gegen neue ausgewechselt.

Der Fahrgastverkehr ist auf 6h bis 22h bezogen. Durch zeitliche und tarifliche Unterschiede werden der Tag- bzw. Nachtbereich zueinander unattraktiv gehalten. So läßt sich der Frachtbereich bevorzugt in den Nachtstunden abwickeln, was bedeutet, dass zu diesen Zeiten mehr mit Taxis gefahren wird.

Administration bei TubeWaySolar

Zur Quickverbuchung tippen die NetzkundInnen das Fahrziel auf dem interaktiven Touch-screen-Netzplan am Portal des Terminals an und tätigen mit der auf Guthaben basierenden TW-Card die Transaktion.

Die TW-Card und deren Identität zum Ausweiser werden hierbei geprüft. Am Ziel angelangt, wird die zurückgelegte Wegstrecke elektronisch verbucht.

Die Beförderung der nächtlich abgewickelten Frachten wird über Telefon, Fax oder Internet gebucht.

Die Fracht-Agentur bietet Schüttgut-, Flüssigstoff-, Waren- und kühlbare Kapseln an. Sie verwaltet diese und führt auch die betreffende Ladelogistik durch.

Eine Transportkabine bietet im TW-SiS 6 Tonnen bzw. 15 Europaletten – im TW-IC-Netz 13 Tonnen Nutzlast als Ladekapazität für bis zu 22 Europaletten an.

Alle Kabinen sind über Kant entleerbar; sortierende Ladegreifer sind bei Be- und Entladungen im Einsatz. Der Frachtverschub wird so transportlogistisch effizient bewältigt.

Frächter, Häfen und Fabriken können eigene Zuwegröhren beim Betreiber erwerben oder anmieten. Dieserart günstige Beförderungen führen zu Netzausweitungen und bringen entsprechend angepasste Verladeterminals hervor.

Der Nacht-zu-Tag-Benutzerwechsel erfolgt in einer etwa halbstündigen Umwandlung von Transportkapseln, in gereinigte Kabinen mitsamt dem Sitzbänke-Einbau. Nachts werden also die Speditionsleistungen, wie Sortieren, Verladen und die Zustellung an die Zieladressen erledigt. Diese Splittung »Kabine zugleich auch Kapsel« erspart einen riesigen Garagenpark und einen enormen *Rush-hour*-Aufwand.

Das großteils private Speditionsgeschäft kooperiert zeitlich mit der TW-Netzlogistik und beteiligt sich so über deren Nutzungstarife. Dem TW-Netzbetreiber obliegt hingegen der

Geschäftsbereich des Öffentlichen Personenverkehrs.

_____

Teil 2
TubeWaySolar-IC (InterCity)

Das TW-IC fährt mit der selben Technik wie der im TW-SiS. Es ist als Großstädte verbindendes Weitstreckennetz angedacht - und so sind je Baukilometer dreifach höhere Kosten als bei TW-SiS zu kalkulieren.

Die durchschnittlich in 7 Meter Höhe Strecke besteht aus ca. 17 Meter langen Sandwich-Rohrmodulen. Die mit XPS Hartschaum-gefüllten Stahlblech-Spiralrohren haben einem Innendurchmesser von etwa 2,7 m. Diese aneinandergereihten Rohrmodule (à ca. 7,5 t) sind per Gleit-muffen und O-Ring-Dichtungen verbunden und werden ebenfalls auf schlanken Strecken-pfeiler-Bögen und von schwingungsfreier Spannseiltechnik getragen.
Auch hier trägt die brückentechnische Statik die Zweirichtungsstrecke, die Gleiteinheiten und den Medienstrang.

Bei dem TW-IC kommen bei 50 Meter Pfeilerbogendistanz ca. 50 Tonnen Streckengewicht durchschnittlichen 20 Tonnen an Fahrlasten je Bogenstütze zu tragen. Diese relativ geringen Lasten überbrücken größere Distanzweiten, als diese bei herkömmlichen Verkehrsträgern möglich wären.

In sensiblen Naturräumen erfolgt ein schonender Streckenausbau mit halblangen Modulen, deren Anlieferung per Lastenhelikopter erfolgt; sie halten das jeweilige Rohrmodul - zur zügigen Verfügung vor Ort - in der Schwebe.
Bis zu 110 Personen je Kabine (bzw. 13 t Cargo-Transportkapseln) gleiten im permanenten Luft-

strom zu ihren vorcodierten Zielen. Kameras projezieren wie Fenster die Umgebung auf den Monitor und eröffnen so im IC einen Panorama-Höhenblick.

Die 26 m langen Kabinen gleiten über 1,5 m breite, spiegelglatte und ebenfalls wie im TW-SiS Nirosta-Stahlblechrinnen. Hierbei sind nun die größeren Dimensionen (bezüglich der Gleitsohle wie im TW-SiS beschrieben) für eine Anpassung im TW-IC hin zu adaptieren.

Auch hier wird der ölfreie Bordkompressor gut schallisoliert.

Die Sitzplätze sind im TW-IC wie in einem Reisebus angeordnet. Bei Bedarf finden sich noch ca. 20 Stehplätze im Mittelgang. Ein Bord -WC befindet sich in Ausstiegsnähe.

Auch im TW-IC werden die Benutzer über das Ticket bzw. den Frachttarif zeitlich gesteuert und die Kabinen werden nachts zu Frachtkapseln.

Teil 3
Das städtische Ver- und Entsorgungsnetz TubeWaySolar - TW 40

... dem ein Durchmesser von 40 cm ausreicht, fährt mit rund 35 km / h.

Pro 85 cm langer Kapsel sind 20 kg Fördergut ermöglicht; und sie gleiten im Prinzip mit der gleichen Transporttechnik wie die großen TW's an ihr Ziel. Ein Flexgelenk sorgt zudem für eine gute Manövrierfähigkeit in den hier weit engeren Kurven.

Dieses städtische Ver- und Entsorgungsnetz (TW-40) wäre innerhalb unserer Ballungsräume - z.B. für bestellte Einkäufe, Amtspapiere, Essenszustellung, Post- und Paketdienste, Abfallentsorgung etc. - von generell großem Nutzen.

Unternehmen wie Privatpersonen könnten als Teilnehmer - wie bei der Fernwärme - dem 40-cm-Netz angeschlossen werden.

Es würde unter dem Gehsteig in abdeckbaren Schächten verlegt, und bis hoch in die Gebäude geleitet. Der regionale bzw. städtische Betreiber stellt jeweils nach Order, die entsprechenden Kapseln dem Kunden zu.

Teil 4

Welche Geschäftsaspekte, welche Chancen hat TubeWaySolar?

Für die TWS-Mobilität sind zwar einige Vorinvestitionen und sorgfältig geplante Durch-
führungsschritte erforderlich, doch einmal etabliert, könnten die Anleger und Betreiber aus
TubeWay konstant sichere Gewinne erwirtschaften. Parallel dazu entstünde eine Vielfalt an
Geschäftszweigen.
In der Rechtsform wäre z.B. denkbar, dass sich die Rohrtrassen in nationalem Eigentum
befinden; die solare Energieleistung könnte von einer AG kommen, und der Fuhrpark könnte
unter öffentlich-rechtlicher Verwaltung stehen. Hier sind also mehrere Mischformen möglich.

TubeWay-Mobility vermag wesentliche Segmente unserer Markt- und Arbeitswelt zu beleben.
Es erwächst eine Win-win Situation für Kunden, Betreiber und unsere Umwelt.
Wirklich verlässliche Bezifferungen gibt es bei Großprojekten ja kaum und ich kann solche hier
gar nicht anbieten – jedoch: Die technische Vorentwicklung lässt sich – mit finanziell geringem
Risiko – über das kleine 190 cm Netz oder das 40er Netz erstellen. Diese Erstnetze erwirtschaften im stufenweisen Finanzierungsplan das große IC-Netz.
Kompetenzen aus Wissenschaft, Investment, EU-Infrastrukturplanung, Kommunen, Umwelt-
gruppen und den entsprechenden Industriezweigen sind angesprochen. Nun braucht es das
entsprechende Kapital-Konsortium mit Affinität zu Politik und Großindustrie. Es ist die
besondere Technik welche eine TW-Finanzierbarkeit plausibel macht.

Über den PV-Folienbelag lässt sich auf den TW-Gesamtstrecken Solarstrom meist über Bedarf
gewinnen*. Der über den Tag entstehende Stromüberschuss kann nach Einspeisung ins Netz
als Nachtstrom genutzt werden. Weitere Überschüsse würden konkurrenzfähig an streckennahe Verbraucher angeboten.

Bahnstrecken kosten durchschnittlich etwa 27 Mio. Euro je Kilometer. Für eine Autobahn-Herstellung sind pro km sogar bis zu 70 Millionen Euro aufzuwenden (2014). Diese Kosten implizieren noch nicht einmal die jeweiligen Trassen-Grunderwerbspreise. Auch verschlingt deren Ausbaukilometer ~ 30.000 t an bereits seltenem und daher teurem Sand.

Im Überschlag dürfte sich, bei ausgereifter Fertigungsstruktur, der TW/IC-Ausbau um einiges unter den Ausbaukosten einer Bahnstrecke einpendeln.

Hat TubeWaySolar realistische Chancen?

Kein einziger Tropfen verfahrener Sprit wird jemals wieder zu verfügbarem Rohöl! Die schwankenden Kosten der enormen Importe halten, unter anderen Staaten auch Europa, abhängig zu Russland und zur OPEC.

Ölkrisen und steigende Energiekosten berühren dieses System nicht bzw. lassen es indirekt sogar wachsen. Besonders erzeugt auch der ständige CO_2-Zuwachs (Klimaaufheizung) erhöhten Handlungsbedarf!

Übliche Einwände betroffener Landbesitzer brauchen die hochtrassierten TW-Leitstrecken nicht zu fürchten. Kein Grundstück wird geteilt oder landwirtschaftlich eingeschränkt. TubeWay gleitet über Äcker, Wald und Weiden – optisch dezent - wie auch abgasfrei und lärmfrei – hinweg.

Nachhaltige Energietechniken verzeichnen schon jetzt hohe Zuwachsraten. Sie fördern Beschäftigung, Energiemix, soziale Sicherheit und den monetären Umlauf.

Markt – Mitbewerber – Strategie

Insgesamt gilt es nachhaltige Lösungen für unsere zukünftigen Bedürfnisse an allgemeiner Mobilität zu entwickeln!

Gut geplant könnte sich schon eine Prototypstrecke als rentabel durchsetzen und etablieren. Wegen seiner ökologisch relevanten, sanften und anbindungsfreundlichen Technik entstünde schnell eine breite Kundenidentifikation zu dieser modernen Mobilitätsform.

TubeWay hängt nach seiner Errichtung nicht weiter an öffentlicher Dauerzuwendung. Auf Basis pneumatischen Solarbetriebs würden auch die TW-Personen- und Güterbeförderungen in preislicher und konkurrenzloser "Microschwebe" dahingleiten.

Geschäftliche Vorteile mit TubeWaySolar:

Zuverlässigkeit bzgl. Abfahrts- und Ankunftszeiten bei Lieferungen wie auch im Personenverkehr

Bereits eine Flughafen-Zubringerroute kann samenlegend für wachsende TW-Netze fungieren

100 % solarer, also treibstofffreier und ressourcenschonender Öko-Marktvorteil

Gebiete die TW umsetzen, können künftig erhebliche Vorteile genießen

Enormes Einsparungspotenzial gegenüber traditionellem Verkehr

Hohe Akzeptanz – Sympathiefaktor – geringer Widerstand

Relativ geringer Aufwand für Betrieb und Wartung

Gutes Verhältnis von Investition zu Amortisation

Hoher Prestigewert, hohe Gewinne

Soll zukünftiger Verkehr solar gestaltet sein?

Unbedingt! Auch mittels TubeWaySolar - als breit angelegtem Verkehrssystem - können wir den Erhalt der Edel-Ressourcen Erdöl und Erdgas um einiges verlängern. Auch zu einer ökologischen Zukunft brauchen wir unser Erdöl noch für vielerlei Anwendungen, die wir heute noch nicht kennen. Für das Klima schädigende Abgase, Plastikmüll und Straßenasphalt ist unser Mineralöl viel zu wertvoll! Mit TubeWay sinken gezielt Erdölimporte, klimabelastende Schadstoffwerte, Lärm und Verkehrsunfälle.

Wasserstoff z.B. muss immer im Umweg teurer Wasserspaltung durch Strom vorerzeugt werden. Auch andere Optionen sind zur Zeit, energetisch gesehen, nicht das Gelbe vom Ei. TubeWay hilft, die CO_2-Belastung durch fossilen Strom, und die Gefahren eines im Atommeiler generierten Strom´s zu reduzieren.

Der Wandel zu den Erneuerbaren kann zum allgemeinen Vorteil erfolgen. Er soll und muss ja immerhin das Leben unserer Nachkommen ermöglichen. Denn unsere Biosphäre ist faktisch global in Gefahr!

Vergleiche zum Stand der Technik

Einen Überblick über alternative und innovative Mobilitätsformen und Antriebstechniken gibt es im Link: http://faculty.washington.edu/jbs/itrans >> list of 100+ systems >> tubeway; und im https://www.buch-der-synergie.de/c_neu_html/c_11_12_neu_mobile_prt_04_kapsel.ht . Dort finden Sie eine Sammlung von zum Teil schon umgesetzten Mobilitätsansätzen aus aller Welt. Auch TubeWay ist in diesen evident. Auch die Beiträge zu Rohrpost in Wikipedia sind interessant.

TW lässt sich in Anlehnung an die seit 160 Jahren bewährte Rohrpost entwickeln. TW befördert Fahrgäste wie auch Waren durch den alles bewegenden solar-elektrischen Innenantrieb. Linearmotore in Magnet-induzierter Streckenausstattung will TubeWay wegen der ungelösten Verträglichkeitsfrage bei deren hohen Mikrotesla-Einsatz, der beschränkten Verfügbarkeit an Magnetmaterial, aus Gewichtsgründen sowie wegen der hohen Lärmentwicklung vermeiden.
Wir befinden uns in einem lebhaften Diskussionsprozess, in dem taugliche Alternativen mit Verantwortung für Mensch und Natur gesucht werden.
TubeWay steht eventuell für die Entscheidung zu technisch einfacher, ökologischer Mobilität. Auch aufgrund weltweiter Ressourcen- und Energieknappheit erwächst die Notwendigkeit zu raschen Alternativlösungen, auch im gesamten Verkehrsbereich.

Historisches: Das ursprüngliche Vakuumröhrentransportsystem wurde bereits 1799 von *George Medhurst* vorgeschlagen. *Michael Verne*, Sohn von *Jules*, verbesserte es 1888 als pneumatischen Röhrentransport. 1904 beschrieb *Robert Goddard* einen Vactrain Maglev; und bald darauf führte in New York eine von einem Bankier bezahlte unterirdische und rein pneumatische Teststrecke bereits Personen - diese wurde jedoch nicht erweitert.

Hat TubeWaySolar am Ende noch einen Upcycling-Einsatz?

Ja, nach deren Dienstleistung als Kabinen und Rohrmodule dienen diese noch als:
zu Pyramiden gestaffelten Wohnsiedlungen
zu wettergeschützten Fahrradstrecken
Grünanbau-Glashaustunnel
umgestaltete Wohnräume
als Lagervolumina uvm..

Briefliche Referenz von der Wiener Umweltschutzabteilung :

Sehr geehrter Herr Thalhammer   14.02.2013

Ihr TubeWay erscheint als eine moderne, nachhaltige, ökologische und damit zukunftsträchtige Mobilitätslösung. TubeWaySolar könnten - ohne aktuellen Verkehrsmitteln eine Konkurrenz zu sein - neue städtische Erweiterungen bilden. Bei vorliegendem, positiven Ergebnis wäre eine Umsetzung, für Praxiserfahrungen zunächst auf Teststreckenlänge, durchaus realistisch. Nachdem Österreich weltweit für technische Innovationen bekannt ist, sehen wir für Ihre Idee, gerade in Zeiten der Energiepreis-Ungewissheit, gute Chancen für eine Umsetzung. In diesem Zusammenhang möchten wir auf die Förderbank (AWS) sowie EU-Förderprogramme hinweisen, die in Ihrem Fall eine finanzielle Unterstützung der jedenfalls erforderlichen, vertiefenden, Studien übernehmen könnten.

Wir wünschen Ihnen viel Erfolg bei der Umsetzung Ihres bereits realitätsnahen Mobilitätskonzeptes.

Mit freundlichen Grüßen, Günter Rössler

Wiener Umweltschutzabteilung - Bereich: Verkehr, Lärm und Geodaten

A- 1200 Wien, Dresdner Straße 45

= = = = =

Ich hoffe, dass eventuelle TWS-Umsetzer nicht mit BIT- u.ä. Coins agieren, so dass alle Anleger eine reale Sicherheit bezüglich ihrer Beteiligung vorfinden! Cryptos ähneln letztlich einem pseudocurrentes Darknet. Und all die Hyperloops kassieren seit Jahren ihr endloses wohl eine Investabzocke, ohne zu praktischen Anwendungen zu fnden.

Ich warne auch vor einem Gebrauch eines TWS-Ausbaues, um wie bisher, weiteren Abtransports jener Güter und Ressourcen zu bezwecken, welche auch unseren nachfolgenden Generationen zustehen!

Es gilt, die Hochfinanz und Großindustrie zum Umstieg auf Nachhaltigkeit und den Erhalt unserer global gemeinsamen Grundlagen zu ermutigen!

Mittels TWS als breit angelegtem Verkehrssystem können wir auch die Verfügbarkeit der Edel-Ressourcen Erdöl/Erdgas strecken. Auch langfristig brauchen wir unsere fossilen Reserven noch für vielerlei Unentdecktes. Für klimaschädigende Abgase und Straßenasphalt ist unser Mineralöl allerdings viel zu wertvoll!

Der Wandel zu den Erneuerbaren kann mit allseitigen Vorteilen erfolgen. Soll und muss er doch den nachfolgenden Generationen ihren Lebenserhalt ermöglichen!

So wie unser Herz es schafft, jede unserer Körperzellen mit Lebensenergie zu versorgen, sollten wir in der Lage sein, neue solare Verkehrsadern zu schaffen, welche uns verbinden und allgemeine Mobilität gewähren.

SIEMENS, Bombardier und Alstom könnten vereint die große Industrie 4.0 Aufgabe zum TWS- Ausbau vollbringen!

Warum veröffentliche ich diese somit verschenkten Ansätze zu patentfreiem Stand der Technik? Erstens erstreckt sich Patentschutz nicht auf dringend notwendige Umweltschutz-erfindungen, wenn wie hier, vorrangige Öffentlichkeitsrechte berührt werden. Zweitens sind Patentrechte und deren Verteidigung praktisch nur noch durch große Firmen und so gut wie nie durch eine Privatperson realisierbar. Und drittens lassen sich veröffentlichte Ideen als "open source" schneller verbreiten. Sie und jede Firma können diese Ansätze also zur Marktreife verhelfen.

Leider werden die im Genf ansässigen Weltpatentamt und nationalen Patentämtern patentierten Besitzansprüche auch auf Medikamente, Saatgut, genetische Kreationen also sogar auf Lebendiges als „rechtmäßig"! zugelassen. Diese Übergriffe zeigen, wie sehr der Bereich zum »Schutz geistigen Eigentums« bereits zu rein kapitalistischer Manipulation wurde.

~ ~ ~ ~ ~ ~ ~

Ob der Hyperloop von *Elon Musk* eine breit machbare Generallösung für unseren zukünftigen Bedarf an allgemeiner Mobilität ergibt, bleibt abzuwarten. *Hyperloop-One, Virgin Hyperloop* und *HTT* betreiben seit Jahren ein Franchising mit immer neuen Maglev-Erfolgstories in technisch vagen 3D-Kurzvideos.

Dies und mehr ist gut in www.buch-der-synergie.de   unter "Hyperloop" nachgezeichnet. *https://www.ingenieur.de/technik/fachbereiche/verkehr/china-plant-magnetschwebebahnen-in-zwei-grossstaedten/

Fazit: Die Weltgesundheitsorganisation WHO vertritt z.Zt. den Standpunkt, dass es bisher nicht möglich sei, die Gesundheitsauswirkungen der Mikro-Teslastrahlung einzuschätzen.

Die Umweltbehörde in Changsha gibt an, dass die geplante Stadtbahn eine elektromagne-tische Strahlung mit einer Feldstärke von 1,6 Mikrotesla haben werde. Das ist weit weniger als die in China seit dem Jahre 1998 genannte Gefährdungsgrenze für Menschen in Höhe von 100 Mikrotesla.

Die Gegner verweisen allerdings auf das Beispiel der Schweiz, wo die Gefährdungsgrenze bei immerhin nur 0,2 Mikrotesla liegt.

Über den für China tragbaren Wert wird derzeit heftig gestritten. Teils wird dagegen plädiert, für das ganze Land einen Einheitswert festzulegen. Wenn es aber zu einem Einheitswert käme, dann scheinen 10 Mikrotesla infrage zu kommen. Das wäre immerhin das Fünfzigfache des Schweizer Wertes – aber zugleich eben nur zehn Prozent des bisherigen chinesischen Wertes.

Nötiger Abstand der Wohnhäuser zur Maglev-Bahn ist immer noch unklar. Würde beispiels-weise der Schweizer Wert in Changsha gewählt, so müssten auf beiden Seiten der Bahnstrecke jeweils 500 Meter unbebaut bleiben. Nach dem heutigen chinesischen Wert können dagegen unmittelbar an der Bahnstrecke Wohnbauten errichtet werden.   Quelle: *IMAGINECHINA*

_____

Siehe mein Video unter www.youtube.com/watch?v=19YDKukm2vc&t=18s . Siehe auch :
www.youtube.com/tubewaysolar - for a clea future, und in:
https://www.buch-der-synergie.de/c_neu_html/c_11_12_neu_mobile_prt_04_kapsel.htm .

Bilder und 3D-Video - von Petrus Gartler, Graz - Designerei / 2003 u. Pexels und Pixabay

= = = =
=

HOLZWANDBAU - WIE BEI LEGO

Leistbare Wandmodule - langlebig und im Nu errichtet

Wegen der unlösbaren Umweltprobleme bei der Zementherstellung und beim Abbau von Bausand, könnten und müssten im Bausektor schon längst gänzlich neue Wege beschritten werden. Mein Ansatz: nachhaltige Bauteile in Modulbauweise, auch als <u>mehrgeschoßig skalierbares Stecksystem</u>.

Wie lassen sich diese Module von Fertighausherstellern als auch von Laien herstellen?
In diesem Konzept bilden stapelbare Sandwich-Wandmodule eine mobile und einsetzbare Variante. Das Beispiel entspricht meiner Garten-Wohnhaus-Vorstellung, mit 35 m² Überbaufläche und 5 m Höhe. Die Module lassen sich innerhalb weniger Tage herstellen, und werden im Nut/Feder-Schnellsystem aneinandergesteckt und so mitsamt Obergeschoß hochgezogen.

Älteres 3-D Bild zu Flüchtlingsunterkünften

Rohbaufertig - mit Fenstern, Türen und Innentreppe - kommt meine Durchrechnung der Materialkosten (2023) auf ca 15.000.- Euro.

Jedes der Bauteile/Elemente wiegt ca. 20 kg. Die Module können vor Ort gefertigt* oder vorfabriziert geliefert werden. Die hier 80 Module lassen sich von zwei Personen ohne Baukran- und Einrüstung handhaben. Auf Bodenplatte und deren Staffel-Unterbau werden die Bauteile waagrecht, rationell und zügig verbaut.

Zwischen zwei 12 mm starken OSB3-Grobspanplatten kommt eine (per Schablone) diagonal um 15 cm versetzte Styropordämmung**. Dies ergibt zwei nut- und zwei federseitige Modulränder. Die Grobspanplatten können zumeist in ihrer Normgröße von 2050 x 625 cm verbleiben.

Hierzu erhaltet die OSB´s im Bereich ihrer Ränder und in der Mitte einen per Zahnspachtel verteilten Klebemörtel. Die dazwischen eingebetteten (z.B. 12 cm) Styroporplatten (EPS) bilden dabei einen dauerhaften Modulkorpus. Nach der Klebertrocknung werden die nummerierten N/F-Bauteile im Steckverbund - ähnlich wie beim LEGO - zu Wänden hochgezogen, wobei die Module an den Hausecken in jeweils versetzter Verschränkung gereiht werden.

Kabel und andere Installationen lassen sich raumseits dezent hinter Decken-, Eck- und Sockelkehlen verlegen.

Die Eckstöße werden von innen her per Lochreihen-Winkelprofilen (Regalständer) 4 x 4 cm und mit 18 cm langen Nägeln gesichert. Für die 18er Nägel (5 mm Ø) werden beide Lochreihen an den Grobspanplatten mit 4 mm großen Bohrungen vorgelocht.

Die nur zu 95% versenkten Nägel ermöglichen eine leichte Demontage, sodass das die nummerierten Bauteile an einem anderen Bauort überstellt, ihre exakte Wiedererrichtung erfahren können.

Die Innenwände tragen unter ihren Tapeten noch eine Lage *Wärmestrahlung reflektierender* Rettungsfolien.

Zum im Oberstock befindlichen Schlafbereich - mit Kleiderdepot und einem 7 m² großen Wintergarten - führt eine schlichte Holzwangentreppe.

Drei waagrechten Fensterelemente (2 x 0,6 m) und die Terrassentüre (1,6 x 1,8 m) spenden beiden Innenräumen entsprechend viel Tageslicht. Zugunsten einer Heizkosten einsparenden Lüftung**** verbleiben die in den Wandmodulen integrierten 3fachGlas-Fensterelemente geschlossen.

*Derartige auflastfähige Modulbauten sind feuerresistent***, erdbebenflexibel und an den Außenecken mittels 75 cm langen Sturmankern gesichert. Die Wände werden nie feucht und haben keine Wärmebrücken.*

Der fertige Baukorpus erhält zuletzt noch eine Schilfmattenhülle, welche auf Konterlatten angeheftet wird. Die Matten werden zuvor beidseitig mit Wasserglas (gegen Verwitterung und Brennbarkeit) sprühimprägniert.

Hinzu könnten die Außenwände unter ihren Konterlatten noch eine *Sonnenstrahlung reflektierende Rettungsfolien* tragen. Stecklinge immergrünen Efeu's können sodann Rund um den Haussockel hochranken - was in kurzer Zeit eine beschattende und hinterlüftete Grünfassadeherstellt. Die Grünfassade plus OSB, silbrige Folien und dem Styropor bieten eine gute Dämmung gegen die sommerlich kurzwellige Hitzeeinstrahlung.

Der Südwand vorgelagert lehnt sich ein 10 m² Vakuumröhrenkollektor an. Ein darüber befindlicher 500 l Pufferspeicher beheizt ein Kupferrohr, verlegt als Sockelleiste. Der Speicher versorgt auch die Waschmaschine und den Geschirrspüler mit Heißwasser.

Auf dem mit Überstand 50 m² großen Pultdach können sich vollflächig ThinFilmFolien oder PV-Paneele für den Hausstrom befinden und in Verbindung mit PV-Akkus auch den Zusatzbetrieb mit einer Wärmepumpen-Split-Klimaheizung - wie etwa jene vom Testsieger *Dimstaleco-smart Inverter – QuickConnect* abdecken.

Das Regenwasser vom Dach landet in 2x200 l Tonnen und dient zur Bewässerung des Nutzgartens.

Gleich ob als Schule, Geschäft, Lager, Ambulanz, Werkstatt oder neue Wohnräume – diese universelle Bauweise kann räumlich beliebig skaliert und mit entsprechend starken OSB's statisch mehrstöckig verbaut werden.

Von TinyHouse bis zu Großprojekten - ob der geringen Gewichtslast und eigener statischer Tragkraft dieser Art Wände sind auch höhere Aufstockungen auf herkömmlichen Gebäuden schnell und zu geringen Kosten durchführbar.

Eine Haltbarkeit/Bewohnbarkeit von bis zu hundert Jahren kann durchaus erwartet werden. Hernach stehen sämtliche Bestandteile derartiger Modulgebäude, zur jeweils tauglichen Nachverwertung bereit.

Mit den sicherlich weiter steigenden Kosten für Bausand und Energie kommt unweigerlich eine Wende unserer bautechnischen Praxis. Ein Umstieg von Zement, Sand und Betonstahl auf z.B. OSB mit EPS-Dämmung - sowie auf applizierte PV-Folien-Fassaden wäre nachhaltig, zukunftsfähig und daher wünschenswert.

* *Werkzeugbedarf: e-Styropor-Schneidetisch; e-Schrauber, Stichsäge etc. - bewirken nur geringe Lärm- und Staubentwicklung.*
** *Steinwolle, Naturfaser-Klemmfilz oder Zelluloseflocken könnten zwar ebenfalls gegen negativ wirkende thermische Konvektion genügen, jedoch nur Styropor - fugenfrei verlegt - ist auch im Taupunkt frei von Feuchtigkeit. Auch bietet nur*

EPS die statisch günstige Belastbarkeit einer schlanken, tragenden Modulwand. EPS lässt sich zudem hernach per Heissdraht von den OSB´s gut trennen und recyclen - per FZ-Recycling GmbH & Co. KG zum Beispiel. Auch der Klebezement läßt sich von den OSB´s abschremmen.

*** KRONOPLY OSB/3 EN300 bietet z.B. Platten an, welche die Kriterien zur Anwendung in Brandschutzkonstruktionen nach DIN 4102-4 in der Feuerwiderstandsklasse F30 verbrieft erfüllen.

**** Automatische Raumlüftung mit Wärmerückgewinnung: Ein hinter der Deckenkehle verborgener, 5 m langer, 100 mm Ø Alu-Flexschlauch, wird an einen Intervall-geschalteten Ventilator angeschlossen, welcher im 150er Wanddurchlass installiert ist. Ein im Schlauch eingezogenes Stück harten Zick-zack-Kartons besorgt eine gute Verwirbelung der verbrauchten Warmluft und somit eine gute Temperaturübermittlung an die im übrigen Kehlkanal einströmende Frischluft. Die Luft wird ab dem Abzweiger des 100er Einlasses noch 2,3 m als Eckkehle senkrecht herabgeleitet. Der durch den 150mm-Abluftventilator erzeugte Raum-Unterdruck bewirkt, dass am offenen Ende der Eckkehle die Frischluft selbsttätig einströmt. Auch übermittelt die aus Hartkarton bestehende Kehle, mit ihrer am Karton direkt angrenzenden warmen Raumluft, einen Tempera-türübertrag an die zuströmende Frischluft.

***** PV-Folien erzeugen z.B. : ARMOR solar power films, Heliatek, Flisom, Alwitra-Evalon cSi , FirstSolar, Nanosolar.

Es steht jedem frei diesen derzeit noch unerprobten Ansatz umzusetzen. Bau- und Fertighausfirmen könnten sich um entsprechend evaluierte Zulassungen bemühen

Der LINK: https://gemini-next-generation.haus *zeigt hierzu den interessanten Energie- und Hausklima-Technischen Ansatz des CEO Roland Mösl.*

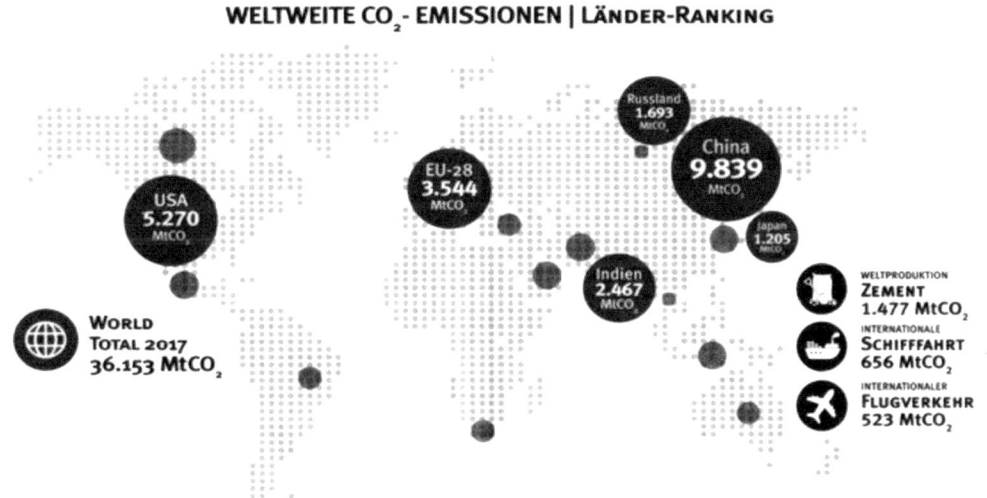

Qelle IPCC: DieZementproduktion emittiert mehr CO^2 als Flugverkehr und Schifffahrt gemeinsam!

Daher drängt es, die CO_2-belastende Zementherstellung und die ökologischen Folgen des Bausand-Raubbaues zurückzufahren. Die Nahrungskette maritimen Lebens beginnt ja mit der Mikrovielfalt, welche vorwiegend auf sandigen Meeresböden ihre Grundlage hat!

Mögen unzählige dieser Bauten aus nachwachsenden Bäumen entstehen. Auch wenn noch nicht jeder Baum Natur bedeutet und Forst nicht gleich für urwüchsigen Wald steht.

=   =   =

Doch auch als **Migrationsbedarf** und im Wiederaufbau **nach Kriegsschäden** ist diese Bauweise gut geeignet.

Kriegsfolgen, Flucht und Vertreibung nehmen weltweit zu. Viele Städte sind schlecht- oder nicht bewohnbar und Legionen von Menschen haben keine oder nur miserable Wohnräume. Jedoch sind die geläufigen Container und Zelte - für Menschen - weder bei Hitze noch Kälte eine brauchbare Unterbringung; sie sind auch sperrig im Transport. Daher erdachte ich diese nachfolgende Lösung:

Ob als Schule, Ambulanz, Büro, Geschäft oder Wohnungsbedarf - die zuvor beschriebene Bauweise kann besonders mit Stockwerken ihre flächensparende Anwendung finden. Per N/F-Steckverbindung lassen sich diese Elemente von 2 - 3 Personen zu ihrer jeweiligen Raumnutzung hin aufstellen. Für beinahe jeden Zweck bilden stapelbare Wandmodule einen mobilen und oft einsetzbaren Ansatz.

Gegen die solare Kurzwellenaufheizung, ist - besonders in heißen Regionen - eine Schilfmattenverkleidung und beschattender Efeubewuchs des Gebäudes besonders angeraten.

Diesen Wohnräumen liegt ein fundamentfreies 120 m² großes Mansarddach, mit zentralem 60m² Gemeinschaftsraum zugrunde, welche um den Großraum angeordnet sind.
Der Gesamtinnenraum bedeckt in diesem Beispiel 120 m². 63 m² kommen als Etagenflächen - aufgeteilt auf die 18 Einheiten – hinzu.
Zwei der Räume sind als Büro (bzw. nächtlicher Bereitschaftsraum) und als Lager reserviert - dies ergäbe 18 gleich große Einheiten.
Jeder der 16 Privaträume hat 4 m² Wohnfläche im Maße von 3 m x 1,23 m und 2,5 m Raumhöhe und ein kleines Fenster zum Tagesraum. Darüber befindet sich noch ein 3,5 m² großes Mansardenkammerl, welches über eine klappbare Dachbodentreppe zugänglich ist.

Dieser Ansatz ist etwa für Hilfsgemeinschaften verfasst, welche zum Ziel haben, für in Krise geratenen Menschen, aus unterschiedlichen Lebensbereichen, Zuflucht und Begegnung anzubieten.

Alle Schiebetüren zum Wohnbereich sind von ihrem jeweiligen Bewohner absperrbar. Außer der Bettausstattung hat es auch Schrank, Klapptisch, Klappstuhl, einem mini-eco-Heater, LED-

Lampen und DAB-Radio mit Kopfhörer - sowie ein einhängbares Beibett für ggf. mit eingezogene Kinder; und eine regelbare Belüftung. *Nachfolgende Zeichnung zeigt ein Beispiel aus vielen Möglichkeiten:*

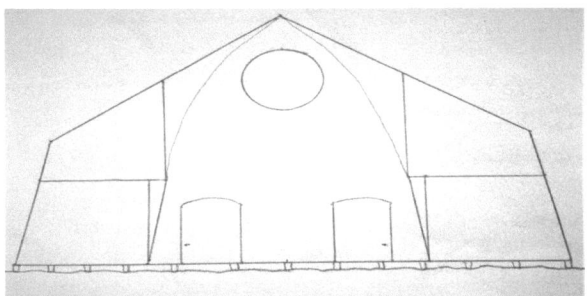

Die Bewohner können rund um die Uhr ihre Schlafzeiten halten; doch von 23 bis 7 Uhr besteht generelle Nachtruhe.
Die zwei im Vordach befindlichen WCs, das Waschbecken und die Dusche haben per Bewegungssensor geschaltete 12V LED-Beleuchtung.

Das Duschwasser ist auf jeweils dreiminütige Entnahme hin geregelt, so, dass für alle ausreichend Warmwasser verbleibt. Es gibt auch eine für die Bewohner nutzbare Waschmaschine und drei Kühlschränke.
Bei kaltem Wetter bietet der 10 x 6 Meter große mittlere Raum des „NurDaches" auch den Spiel- und Kuschelaufenthalt für die Kinder und ihre Eltern. Paravents bilden eine Abtrennung zum übrigen Platz, welchen alle Bewohner für ihre diversen Beschäftigungen nützen können.
Die Küche, der Essbereich und die Sanitäranlagen befänden sich außerhalb unter einem 120 m² großen vorgebauten Flugdach.
Dem hölzernen Trägergestell des südlich vorgelagerten Flugdachs, liegen silbrig bedampfte Gewächshausfolien auf darunter befindlichen Schilfmatten auf.
Am Außenrand herabhängende Bahnen werden bei Starkwind hochgerollt. Diese Matten sind zwecks Brandhemmung und gegen Verwitterung mit Wasserglasanstrich geschützt.

Unter diesem Flugdach befindet sich auch ein von Immergrün umzäunter Kinder-Spielturm mit 2 Schaukeln, Sandkiste und Rutsche.
Auch Haus und Vorbau wären von einer Hecke, Hochbeeten und Beerensträuchern umgeben.
Zentral im Windfang stehen zwei 1000 Liter Heißwassertanks - sie haben Anschluss zu den Warmwasserkollektoren am Süddach. Diesen Platz nützt auch ein PV-Module zur e-Versorgung der 12V-Verbraucher.
In diesem Beispiel dienen die zentralen 60 m² des NurDach´s als Werk- und Aufenthalts raum.

Dort können in Kooperation Kleinprodukte hergestellt oder diverse Dienstleistungen angeboten werden.

Zur "Freizeit" sind Federball, Tischtennis und ein Bücherregal sowie Nähen, Töpfern, Sprachkurse, Musizieren, Malen, Tanz, Gymnastik u.a. angedacht.

Durch das tägliche Zusammenrücken bei gemeinsamer Arbeit und Freizeit ergäben sich untereinander auch überkonfessionelle und unpolitisch-menschliche Gespräche.

Das Projekt kostet je Einheit in Summe in etwa 50.000.- €.

Die Waren kämen großteils von Baumärkten, welche dann auch als Hauptspender aufscheinen würden.

Auf dem Weg zum Licht lasst niemanden zurück! *Peter Rosegger*

Mehr dazu ist im älteren 3-D-Video unter www.vimeo.com/293395008 zu sehen.

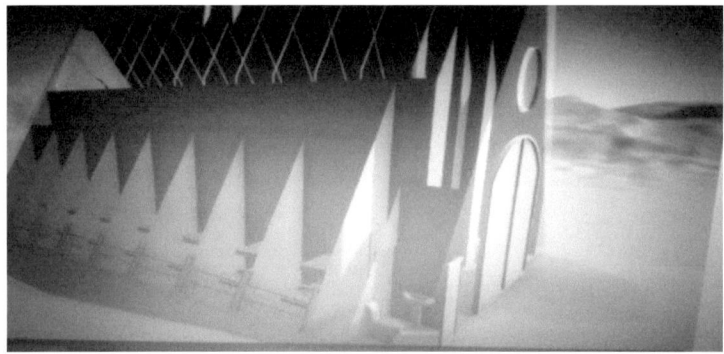

Solarthermie? z.B. ist hier neben anderen Punkten ein ganz wichtiger Baustein. „Warum zuerst Strom und dann daraus Wärme erzeugen? Dafür gibt es doch Solarthermie." Diese Frage und die Reaktion darauf hörte Dr. Gerhard Rimpler vor fast zehn Jahren recht häufig. Mit der ungewöhnlichen Idee, mit Photovoltaikanlagen Warmwasser zu produzieren, hat sein Unternehmen my-PV einen Paradigmenwechsel bei der solaren Wärmeerzeugung eingeleitet. Der Leitsatz „Kabel statt Rohre" hat seither den Solarmarkt beeinflußt.

Siehe:https://www.my-pv.com/de/news/photovoltaikwaerme-vs-solarthermie-kosten-und-flaechenvergleich/

Doch nach Überzeugung des Sonnenhaus-Pioniers *Josef Jenni*, sind „ ... Heißwasserpaneele die sanfteste, umweltschonendste und effizienteste Technologie. »*Wärme wird da als Wärme erzeugt, als Wärme gespeichert und als Wärme verbraucht*«. Solarthermie wird in der Nähe des Wärmebedarfs, also zum Beispiel auf dem Dach von Gebäuden abgeholt. Diese Wärme kann auch relativ einfach vor Ort gespeichert werden. Hinzu spart der Einsatz von **Solarthermie** viel an Strom ein. Die Energiewende wäre deshalb vor allem auch eine Wärmewende"; siehe: www.sonnenhaus-institut.de .

Wohneinheiten sollten Platz genug für ein Zusammenleben mit Kindern, Eltern und Großeltern bieten. Dies erst bringt Zusammenhalt und Nestwärme, welche nötig, um stabile Sicherheit und familiär beziehungstreue Generationen aufbauen zu können.

Generell sollte in ländlichen Bereichen nicht unter 150 – 250 m² und nicht unter drei Etagen gebaut werden. Auch wäre es zurecht verlangt, dass die in Bauland umgewidmeten und verhältnismäßig einen Großteil an Bodenversiegelung ausmachenden "Global Player" des Handels, welche unter einer Handvoll Marken- bzw. Konzernnamen an unzähligen Dorf-rändern nur ebenerdig jedoch großflächig verbauten - mit derart Auflagen belegt werden.

Sie sollten nachträglich mit 1 - 3 Stockwerken und einem Vertikal-Dachgarten hinzu mit allge-mein nützlichem Wohnraum aufstocken. Weiters sollten sie die zuvor durch Asphalt versie-gelten (mit PV nachgerüsteten) Parkplatzflächen, im Austausch mit einer funktionellen Pflasterung, eine Regenwasseraufnahme ermöglichen.

Das flächenwidmende *Raumordnungsamt* muss - um das 1,5°C Klimaziel mitzutragen, weiteren Zersiedelungen mit effektiven gesetzliche Vorgaben begegnen! Hinzu muss auch die nachhaltige, autarke Energiedeckung sofort neuer, zwingender Gebäudestandard werden. Energie generierend wäre auch die Installation von Vertikal-Windkraftgeräten (*Bladeless-Vortex*) möglich, welche sich - wohl wegen der z.Zt. bestehenden Windräderlobby - noch nicht durchsetzen konnten. Ebenso ergeht es z.Zt. noch den PV-Solarfolien, welchen den schweren Silizium-Paneelen in Alurahmen der Vorzug gegeben werden sollte.

~~~~~~~~~
~~~~~
~

TOPten4Bikes

und solarbetriebene Lastenanhänger - in Evolution unserer Fahrräderwelt

>> *Nicht büffelgezogene Karren mit schweren, großen Holzrädern haben China und Indien in die Moderne geschleppt; nein, das Tragen der unzähligen Lasten auf Fahrrädern führte (und führt diese zum Teil bis heute) in die Moderne. Die Herausforderung liegt in moderner und allwettertauglicher Kreation von Bikes, um auch eine zeitgemäß gute Alternative zum PKW-gebrauch anzubieten* <<

Die patentfreien Vorschläge von TOPten4Bikes richten sich besonders an Fahrradhersteller, deren Zulieferer und an begabte Bastler.

Mich treibt es leidenschaftlich an, etwas so lange weiterzuentwickeln, bis es funktionieren könnte. So entstand auch dieses Konzept über **fahrRAD neu erdacht**; aus *T O P t e n 4 Bicycles* - als Evolution bisheriger Fahrräderwelt, und zur Anregung, auf´s Auto öfter mal zu verzichten.

1.) Bei Hitze und Regen

Wer fährt schon gerne im Regen oder bei großer Hitze Fahrrad? Kaum jemand!

Tatsache ist, dass unsere Stadt-, Lasten- und Reiseräder nur dann einen hohen Fahrkomfort im Alltag bieten, wenn sie uns zugleich auch vor Regen oder direkter Sonneneinstrahlung schützen.

Ein aufsetzbares, ca. 1,1 m² großes Schutzdach würde dazu anregen, das Auto öfter stehen zu lassen. Rahmen und Folie lassen sich gerollt bzw. faltbar ausführen.

Als Option könnte dessen Alurahmen (anstatt nur mit Perlon) mit PV-Folie bespannt, einen beträchtlichen Teil der Antriebsenergie direkt in die im Fahrradrahmen eingesetzte Solarbatterie einspeisen. Die ca. 150W der PV-Folie würde tagsüber (auch bei diffusen Lichtverhältnissen) Strom ernten.

Das leichte, aufgesteckte Horizontaldach ist windschlüpfrig; denn auch wechselnde Winde kommen eigentlich flach. In einer längeren Testphase fuhr ich ein solches problemlos - auch bei starken Windböen.

Das ca. 60 x 180 cm große Dach reicht gegen Regen weit nach vorne und sorgt so für trockene Wege.Ein Wind- wie auch Sicht durchlässiger Netzstore schützt sowohl vor Regen als auch vor seitlicher Sonne. Er wird bei Bedarf mit Klettverschluss am Dachrahmen befestigt. Dieser Store hat als unteren Saum ein Bleiband und er hängt ca. 50 cm herab.

Sportlichen Radfahrern könnte dieses Dach auch ohne Elektroantrieb gefallen (mit Perlontuch statt PV-Folie bespannt, wiegt es nur etwa 400g).

 Auch zur Nachrüstung wäre dieses aufsteckbare Dach ein Zugewinn.

2.) In der Ruhe liegt die Kraft

Ein klassischer "Sattel" erfordert von uns eine mühsame, vornüber-gekrümmte Sitz- bzw. Arbeitshaltung; und Liegeräder positionieren ihren Fahrer zu nah am Asphalt. Eine etwas geneigte Anlehne sorgt hingegen für eine bequeme und optimal stützende Lage. Die Lenkstange wird hierbei „Easy Rider-ähnlich" dem Fahrer näher ausgerichtet, da auch die Sattelposition - zwecks der Gesamtergonomie - ein wenig nach hinten verlagert wird.

Vorteile des bequem angelehnten „Sofasitzens":

+ mit ihm wird das aktive Treten kraftvoller, effizienter und ergonomisch entspannter
+ durch die Verlagerung des Schwerpunkts nach hinten, stürzt man bei Kollision oder einer Fehlbremsung nicht kopfüber über den Lenker, und
+ ein (optionaler) Sicherheitsgurt böte einen echten Vollschutz. Der Gurt wäre am Rohrrahmen einer Streckmetall-Schalenlehne verankert; er erübrigt ev. auch das Helmtragen

3.) Auuua, mein Hintern

Gerade auf längeren Fahrten sind herkömmliche Sättel eigentlich recht unbequem bis schmerzhaft und ungesund.

Ein Sattel kann auch aus zwei länglichen, gut sitzenden Gesäßteilen gebildet werden, die nebeneinander auf einer Achse montiert sind.

Diese führen die wippende Tretbewegung des Fahrers mit aus. Ein solcher "Wipp-Sattel" erhöht - sowohl für Damen als auch für Herren - den Sitzkomfort durch seine spürbare Entlastung im empfindlichen Schrittbereich.

4.) Luftloser Reifen?

 Meine Vorstellung einer neuartigen Bereifung aus härterer Gummimischung benötigt weder den üblichen Felgenwulstdraht noch Gewebeeinlagen - weder einen Schlauch noch inneren Luft-Überdruck.

Zudem bietet eine nur kleinfinger-schmale, mittlere Abrollwulst den perfekt-minimierten Rollwiderstand. Die seitlichen, auf Gripp optimierten Hilfswulste rollen in der Schräglage eines Kurveneinschlags in ergänzendem Bodenkontakt.

Diese Art Reifen federn bereits durch ihr starkwandiges Hartgummi-Querschnittsprofil ab (siehe Zeichnung). Im Falle höherer Lasten lässt sich diese Bereifung dennoch entsprechend aufpumpen.

Zur Reifenmontage hat diese fahrRAD-Bereifung eine zweiteilige "Verschraubfelge", welche perfekten und formschlüssigen Reifensitz gewährleistet.

Auch entfallen bei diesem nagelfesten Modell ein Aufpumpen und „Patschen-Picken". Und obendrein ist das draht- und gewebefreie Material im Recycling unproblematisch und als Granulat wieder-verwertbar!

Besonders auf rauem Gelände und im Lastentransport ist diese Bereifung langlebig und reparaturarm.

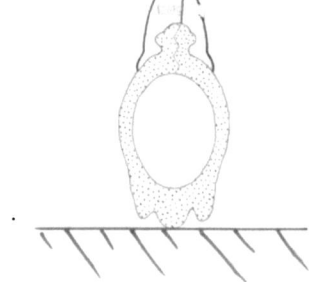

5.) Der Handschoner

Um übliche Mikrotraumata im Handgelenk zu vermeiden, könnten zur Stoßmilderung in den Lenkgriffen bzw. deren Übergängen zum Lenkbügel hin, je eine zylindrische, elastomere Rohrstopfen-Verbindung eingelassen sein. Diese steifelastische Brücke könnte different auf das Gewicht einer Person hin angeboten werden (oder sie wird different tief eingelassen).

6.) Mühsam ein RAD bespeichen war gestern ...

Rückenfreundlicher Nebeneffekt am neu erdachten „fahrRAD": das hintere Laufrad kann optional mit 12 konischen Fieberglas-Bogenfedern oder Stahl-Blattfedern - anstatt üblicher Speichen - eine effektive Schock-Absorbierung erhalten.

Auch andere Shock-Absorber (für vorne und hinten) verteuern ein Fahrrad. Dieser Ansatz benötigt, wegen dem Hinterrad-Schwerpunkt, nur dort eine Dämpfung. Auch Kinderwägen lassen sich prinzipiell mit solchen Rädern bestücken.

7.) Langfingersperre

Mit einem langen, aus dem Rahmen herausziehbaren Stahlseilschloss lässt sich das Radanhängen und gegen Diebstahl sichern. Eine zweite Schnell-Wegfahrsperre wäre ebenso praktisch und praxisnahe.

Die Sicherung von Stahlseilschloss, Akku, Stauraumkorb und Solardach sollte mit nur einem Schlüssel möglich sein. Noch besser wäre ein Handsenderschloss - welches wie bei PKW´s schon lange üblich - alles zentral verriegelt.

8.) Das kleine Lastenrad

Der Markt für Cargo-Bikes ist vielfältig, aber alle Cargo-Bikes sind recht teuer in der Anschaffung und haben ein sperrig-langes Design.

Als Alternative zu diesen Fahrrädern könnte jedes normale Fahrrad den folgenden Ladekorb hinter dem Sattel aufnehmen:

Ein Ansteckkorb mit den Maßen von ca. 60x140x55 (B, H, L) cm, der im Sinne der öklogischen Nachhaltigkeit aus geflochtener Weide hergestellt werden kann. Dieses Naturmaterial ist vom

Gewicht her etwas leichter als z.B. Aluminium-Streckmetall und könnte als weit offenes Netz strukturiert sein. Diese Dimension würde 420 Liter gesichertes Ladevolumen bieten. Der Boden besteht aus 4 mm starkem Buchensperrholz mit einer 8 mm starken Kantenverstärkung, und er ist an den Ecken mit vier Lenkrollen verbunden.

Der Weidenkorb wird am Sattelrohr eingehängt und mit einem Ruck an den beiden Sitzstreben am Rahmenheck eingerastet. Be- und entladen wird der Korb über seine abschließbare Heckklappe. Bei Bedarf hält eine regensichere Abdeckung das Transportgut trocken. Er kann auch als praktischer Einkaufswagen (in ca. 60x90x50 cm, mit 240 l) aus geflochtener Weide verwendet werden. Abgenommen vom Rad, lässt sich dieser Korbtyp auf seinen Rollen wie ein Reisekoffer, mit leichter Hand schieben.

Diese Art von Gitterkorb ist auch eine preisliche Konkurrenz zu den teuren und sperrigen Lasträdern und hilft angehenden Zustellern auf dem Weg in die Selbständigkeit. Und wenn Sie den Korb zu Hause lassen, können sie ihr Fahrrad wie üblich nützen!

Des weiteren befinden sich global einige Milliarden meist in Ostasien produzierte Plastikkoffer in Haushalten, und bald danach auf den Müllhalden. Sie sollten durch drei ineinanderpassende, langlebige Reisekoffer aus Weidengeflecht ersetzt werden. Diese würden uns vor zigtausenden Tonnen Plastikmüll und deren Zerfall an Mikroplastik bewahren; und vor allem, den fortwährend umweltschädigenden, übelriechenden Plastikkofferhandel beenden. Auch würde ein uraltes Handwerk seine Wiederbelebung erfahren.

Mit gefälligem Innenstoff und buntem Wachstuch-Wettercover wäre dieser Weidentrolley ein weiterer, nachhaltiger Nutzartikel zu einem ökologischen Lebensstil.

Eigenbau-Set´s samt Anleitung könnten auch als Rohmaterial geordert werden. So ließe sich ein eigener Ansteckkorb herstellen. Kann ja nicht allzu schwer sein – oder?

9.) Schwerlast-Anhänger

Hierbei handelt es sich um einen Tieflader-ähnlichen Anhänger, welcher über das fahrRAD oder ein e-Bike gelenkt wird. Er leistet CO_2freie Zustellungs- und eventuell auch Taxidienste und er ist besonders für die heutige Klimasituation konzipiert.

Dieser 2,9 m lange Hänger fährt auf 1,25 m breiter Spur und wiegt ca. 100 kg. Gleich hinter der hochstellbaren Deichsel entlasten zwei ~ 35 cm große zwillingbereifte Räder die Drehtellerbasis. Die Deichsel hat ihre Auflaufbremse und händische Feststellbremse. Das Frachtgewicht verteilt sich (mit den zwei weiteren, 60 cm großen Zwilling-Hinterrädern) auf acht Räder.

Den Lastbetrieb übernehmen vier synchron geschaltete Nabenantriebe, deren Leistung auf eine zu bewegende Last von max. 900 kg auszulegen wäre (a´ 350W). Zur Deichsel-solo-Handführung sollen die e-Motore über einen 2 km/h Retourgang und einen 6 km/h ersten Gang verfügen.

Die vier Felgenbremsen erlauben es bei Volllast 25 km/h und bei Leer- oder Teillast bis zu 45 km/h zu fahren. Anstatt Rückspiegel hat der Hänger eine Heckkamera, welche dem Fahrer per Monitor das rückseitige Geschehen anzeigt.

Die extra tief platzierte und 3,6 m² große Ladefläche besteht aus einer 19 mm OSB. Die Abfederung erfolgt über zehn verteilte Druckfedern, welche das Fahrgestell mit der Ladefläche verbinden.
Mit 125 cm Spurbreite widersteht der 170 cm hohe Aufbau seitlichem Wind. Bei Starkwind und geringem Frachtgewicht bleiben die Seitenplanen entsprechend hochgerollt.

Der Aufbau bietet Platz für 3 Warenpaletten auf 6 m³ großen Laderaum an. Längs ist der Anhänger in U-form mit dem 1,7 m hohen Dachrahmen aus großmaschigem Schweißgitter überbrückt. Das Ganze ist mit einer solaren Gewebefolie (z.B. vom Hersteller* Alwitra, Flisom oder Heliotek) abgedeckt. Die Ladung ist auch durch seitliche Deckplanen wettergeschützt. Sie werden mittels spezieller e-Rollos geöffnet bzw. verschlossen und sie zippen zugleich die seitlichen ZIP-Verschlüsse mit.

Diese Eindeckung liefert über ihre 12 m² PV aktiver Oberfläche - auch bei trübem Tageslicht - ausreichenden Eintrag an Antriebsenergie. Für weite Transportwege sind im Chassis des Hängers Akkus untergebracht; sie werden dort in eigene Fächer eingeschoben und stellen die ausreichenden Wegreserven.

10.) **Dieser Hänger** kann auch zu einer **Familienkutsche** bzw. komfortablem **Campingzelt** umgebaut werden:

Zur Personenbeförderung hat die Kutsche (ggf. das Taxi) Steckfix-Sitzbänke. Sie sind aus filzbelegten, leichten OSB-Sitzflächen auf Metallgestell gefertigt. Bei drei Sitzreihen bietet der Anhänger noch Platz für 1 - 2 Kinderwägen. Der Einstieg soll, wegen der bei uns üblichen Fahrtrichtung, rechtsseitig erfolgen.

Die seitlichen PV Abdeckplanen gewähren - durch integrierte Transparentfolien - eine Rundumsicht für die maximal 8 Personen einer Beförderung. An kalten Tagen erwärmen kleine Quarzstrahler die Fahrgäste.

Zur Zeltfunktion ergeben angefügte, seitliche Klappwände aus leichten Stegplatten eine 12,4 m² große Wohn/Schlafebene. Beim Aufklappen der Wände öffnet sich das Zelt über Auswölbespangen aus Fieberglas. Dann noch die vier Außeneck-Stützen zum Boden hin justieren – fertig!

Überall findet sich wohl ein schöner Camping- oder gratis Parkplatz. Mit Eigenstrom, Solardusche und Campingtoilette lässt sich auch mit kleinem Budget reisen.

Jedes e-Fahrrad kann solcher Art **Großraum-Hänger** lenken. Mal als Familienkutsche, mal als Zustellungs- oder Taxiservice. Im städtischen wie ländlichen Raum eröffnet er emissionsfreie Verkehrsdienste, auf Basis selbständigen Unternehmertums.

11.) Steppwippe statt kurbeln

Hierbei zeigen beide Hebelarme nach vorne und werden durch Steppen statt durch Kurbeln betätigt. Gemeinsam mit der leicht angelehnten Sitzposition, verbessert dies die Effizienz des körpermechanischen Krafteinsatzes.
Die beiden Hebelarme erhalten um ihre Vierkant-Achsenaugen je einen Freilauf. Mit der Separation des rechten Hebelarms von seinem Kettenblatt, ist es möglich, zwei mechanisch unabhängige Stepper zu schaffen. Zur gegenseitig ergänzenden Beinbewegung werden die Hebel mittels einer zweite Radkette, über ein am Sattelrohr befindliches 12er Umlenk-Zahnritzel, miteinander verbunden. Das Kettenblatt selbst, ist dabei mit der Vierkant-Achse schlüssig zu verbinden. Dies gilt auch bei einem vorderen 2er oder 3er Kettenradwerfer.

Mit dieser trittmechanischen Veränderung wird aus der Tretkurbel eine Steppwippe. Ihre Totpunkt-Freiheit erhöht die gesamte Pedalierleistung, denn beim bisherigen im Kreis-kurbeln sind 2/3 des Umlaufweges leerfahrend. Hier hingegen werden »Step by step« nur das jeweils wirkmächtige Drittel, im 120° Maximalweg, bedient.
Zum rückwärts-schieben des Fahrrads ist es am Hinterrrad etwas anzuheben.

Diese Steppwippe ermöglicht im Weiteren ein mechanisch einfaches Tandem ...

... 11. a) Ein fahrRAD für zwei Kräfte - (optional plus Pedaleschaltung)

Diese **Tandem/Sigle-Version** hat einen gestreckten Rahmen, dem ein zweiter Anlehnsattel aufgesetzt werden kann.Hierzu sind die Hebelarme über den Punkt der Tretachse hinaus verlängert. Von dort werden sie vom Zweitfahrer (per aufsteckbarer Schiebehülsen, auch in eigener Schaltbarkeit) betätigt.Für Einzelfahrten wird der zweite Sattel einfach zu Hause gelassen. Diese Version eröffnet die Entwicklung und Markterprobung eines kreativen, leichten Tandem-/Single-Bikes!
Das Rahmen-Outfit bliebe das konkrete Design-Ergebnis des jeweiligen Fahrradherstellers.

12.) Steppender Gangwechsel

Bisher ist der 170 mm lange Pedalarm - mit seinen sich unabdingbar mitdrehenden Pedalen - die mechanische Standardvorgabe bei allen Fahrrädern.
Ein Stepphebler kann jedoch - mit rutschfester Trittplatte ausgeführt - auf seiner ganzen Länge genutzt
werden. Auf dieser Trittplatte sucht sich der Fuß dann selber seine Position aus, und bestimmt so automatisch die jeweils optimale Hebelwirkung.

Die Vorteile:
Diese Art "Fußschaltung" kann somit zig Einzelteile, wie: Bowdenzug, Schaltmechanik am Lenker, Hinterrad-Ritzelsatz + Kettenwerfer bzw. die Nabenschaltung mit all ihrem Innenleben, erübrigen. Eine am Rad bereits bestehende klassische Gangschaltung würde man - als eventuelle zusätzliche Ergänzung - wohl belassen.
Stepparme und Trittplatten können aus Aluminium sein, weil ja deren Freilauf in eine stählerne Verbindung zur Achse mündet. Somit erspart sich auch da einiges an Gewicht.
In den Herstellungskosten liegen sie vorne und im Handel ist *der Preis des Neuen* - gleich ob als Nachrüstset oder fix als "fahrRAD" - anfangs höher.

Fazit: Dieses innovative fahrRAD wäre kein "nur Schönwetter-Fahrrad" und am Markt sicher bald beliebt. Es könnte die Fahrradbranche - wegen der hohen Sicherheit und Mehrbereichsfähigkeit - positiv erweitern! Diese lizenzfreien, innovativen Ansätzen böten Ihnen einen speziellen Markenvorsprung für Ihre Fahrradherstellung. Manches daraus kann auch als Nachrüstset angeboten werden.

Auch von Schwellenländern ließen sich örtlich angepasste fahrRAD-Produktionen verwirklichen. Alle 10 Innovationen sind jedenfalls kostenfrei zu haben. Eine günstige Alternativmobilität, mit der Vermeidung fossiler und straßenbaulicher Nachteile, wäre dort sicherlich begrüßenswert und Not-wendend.

* PV-Folien erzeugen z.B. ARMOR solar power films, Heliatek ®, Flisom, Alwitra-Evalon cSi ®, FirstSolar®, Nanosolar ®.
** USB-Plog, Navi-Integration und eine Freisprecheinrichtung, vereint mit der Ladestand-, Kilometer- und
Tachoanzeige, in einem klapp- und abnehmbaren Display (neben dem breitem Rückspiegel im Dach), als Zusatzoptionen.

* Diese fahrRAD-Zusätze stellen einen Beitrag zu weiterer Verkehrs- und Klimaberuhigung
* Die Ansätze bieten ein Singel-fahrRAD wie auch ein Tandem, Cargo, TAXI oder eine Familien- kutsche
* Als Cargorad gibt es dem Zusteller Arbeit und reduziert städtischen Smog und Stau
* Die Neuerungen können jede für sich zur Anwendung kommen

======================
==========

Dehnfolienersatz im Warenstapeltransport

Ob zartes Obst oder schwere Teile, alle Warenstapel müssen bislang für den Versand x- mal mit Dehnfolien umwickelt werden. Muss das weiterhin so bleiben?

Das erfinderisch Neue

Motiviert, einen zukunftstauglichen Ersatz für Unmengen an Folienmaterial zu finden - welches nach jeder Zulieferung als problematische Abfallware zurückbleibt - erdachte ich eine Lösung mittels einer neuartigen Vorrichtung: so entstand eine einfache und hunderte Male verwendbare anspannbare Ummantelung.

Diese Vorrichtung ist in der Lage, die Warenstapel (auch jene auf Air- & Seaway) auf ihrem Transport gegen Verrutschen und Herabfallen in fester Umschließung zu fixieren.
Die Ummantelung könnte aus robuster, leichter und preiswerter - etwa 1,2 m breiter – PVC- Gewebeplane bestehen. Auch Schutzzaun-Netze könnten dafür verwendet werden.

Diese den Warenstapel umschließende Ummantelung ist an ihren Enden mit je einer 18 x 18 mm starken Hartholzleiste fix verbunden.
Eine Ratsche, welche der »Ratschenleiste« fix aufsitzt, gewährt das anspannende Mantel- einrollen. Der Kopf der Ratsche ist ein ½zoll-4kant*, an dem der »Palettier« seinen Akku- schrauber mit entsprechendem 4kant-Auge anlegt.

Zuvor verbindet er beide Leisten per oberem und unterem Bügel. Dies erlaubt der parallel frei drehbaren Ratschenleiste das Anspannen des sich um diese Leiste einrollenden PVC-Gewebes. Zum Entkleiden drückt der »Palettier« am Zielort die Entsperrtaste am Ratschenkopf. Die Ummantelung kann nun mit dem Akkuschrauber in waagrechter Position zu einer kompakten, faltenfreien Stange aufgerollt werden. Es ermöglicht so ein schnelles, geordnetes Retoursenden von Leihpaletten und den ebenfalls mit Pfand belegten Ummantelungen.

   * *Hier könnte auch jedes andere Kopfprofil sein - doch sollte zum globalen Warenaustausch der Dachverband eine internationale Norm erstellen.*

Der Vorteil

... dieser Vorrichtung ist, dass Ihr Lagerpersonal die Transportbereitstellung vergleichsweise in nur etwa 3/4 der üblich benötigten Zeit bewältigen kann. Nur einmal um die Palette herum >> die Mantelleisten verbinden >> Anspannratsche per Akkuschrauber eindrehen >> schon ist die Ware versandbereit.
Bisher werden mindestens 30 Meter Dehnfolie - x-mal um den Warenstapel herumlaufend - aufgetragen. Auch teure Paletten-Wickelautomaten sind dagegen umständlich und benötigen viel Platz.
Diese Ummantelung würde somit erheblich zu Umwelt- Luft- und Gewässerschutz beitragen. Damit wäre das gravierende Umweltproblem derartiger Berge von Dehnfolienmüll gelöst. Zugleich würde dies Ihr Firmenprestige eines umweltbewussten Zulieferers stärken.

Der Anwendungsbereich

... ist an allen blockförmigen Stapeltürmen gegeben; diese könnten dann ohne Unmengen an Dehnfolien zugestellt werden. Die "Blockförmigen" stellen ja auch die große Mehrzahl im Warenversand.
Nur noch extrem unförmige Warenstapel benötigen weiterhin das herkömmliche Folieren.
Auch genügt zur Applikation dieser einfachen Vorrichtung nur einen »Palettier«. Wäre es nicht sinnvoll und wünschenswert, dass kleinere Lager sowie auch Marktleader der Logistikbranche solche Vorrichtungen in Ihr Portfolio integrieren?

Zur.Rentabilität

Die Anschaffung kommt durch den verminderten Arbeitszeitaufwand und die Folien-Kosteneinsparung vermutlich rasch ins Plus. Die Fahrer bringen ihrem Versandlager die betriebseigenen Paletten - und nun auch die Ummantelung - in das Lager zurück (oder werden per Pfand belehnt).

Sie und Ihre Kunden finden durch den Einsatz dieses einfachen Behelfs neben gutem Image auch erhebliche Erleichterungen.

Obwohl die Ummantelung ebenfalls aus Kunststoff besteht, entspricht dies im Verhältnis zum jetzigen Dehnfolienverbrauch immer noch einem relevanten Rohstoff-Upcycling.

Gerade all die Dehnfolien sind es, die sich eher rasch zu gefürchtetem Mikroplastik zersetzen.

Jede Tonne weniger davon ist für uns und die Umwelt von großem Vorteil.

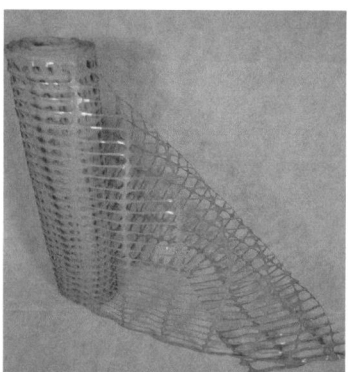

Es steht jedem frei, diese einfache aber sinnvolle Vorrichtung herzustellen und zu vermarkten!

--

PLASTIK aus Flüssen downcyclen

Downcycling – Besser weniger Wert als gar kein Wert bei hinzu hoher Meeresverschmutzung !_

An 1.350 untersuchten Flüssen zeigten sich, dass nur 10 davon das meiste an Plastikmüll in die Meere eintragen. Diese sind vor allem der Nil, der Niger und die acht großen asiatischen Ströme. Ein echtes Recycling durchläuft weltweit nicht einmal 5 % alles anfallenden Plastikabfalls. Wo landen die restlichen 95 %?

Setzt man vor dem Delta dieser (und anderer) Ströme, beidseits der Flussufer, eine endlos kreisende Auffang-Netzschleife, so lässt sich das meiste mit der Strömung heranfließende Schwimmgut abkeschen.

Die beiden, etwas über die Mitte reichenden Netzschleifen wären zueinander im Strecken-abstand so, dass sie für Schiffspassagen leicht zu umfahren sind.

Das ständig kreisende Endlosnetz wendet jeweils am Ufer ins Waagrechte und schüttelt das aufgefischte Material nach unten auf ein Fließband. Das Band führt den Ertrag direkt einer beigestellten, hochwertigen downcycling-Anlage zu.

Ein Vorbild zu solchen sinnvollen Verwertungsanlagen könnte ev. z.B. unter: www.recenso.eu zu ersehen sein. RECENSO hat ein Verfahren zur industriellen Anwendung gebracht, mit dem gemischte Kunststofffraktionen in flüssige und universell verwendbare Ausgangsstoffe zurück-

verwandeln lassen.

Zwei vorangestellte, weitere Grobnetze sind nötig, um schweres Grob-Treibholz abzufischen, welche die feineren Netz für die Plastikmüllteile zerreißen würden.

Ähnlich konfiguriert könnten schwimmende, als große Teppiche parallel verbundene Fluss-Turbinen platziert werden und große Energiemengen elektrischen Strom liefern.

Jedes dieser Schaufelradwalzen würden im Verbund bereits große Strommengen, 24 Stunden täglich, als wertvolle, günstig erzeugte Betriebsleistung erbringen.

Der Pyrolysereaktor des KIT erhitzt Kunststoffabfall, um Rohstoffe zurückzugewinnen.

67

–

Grobvakuum-Einsatz im Innenraum von Eisschrank- und Kühlraum

Anregung für die Herstellerindustrie von Kühlschränken, Kühlcontainern, Kühl-LKWs, Kühlwaggons etc..

Als luftdichte Kühlgehäuse ausgeführt, wird bei geschlossener Türe mittels einer Unter-druckpumpe ein geringes Vakuum erzeugt, um die gelagerten Lebensmittel um ein mehr-faches länger im Frischezustand zu konservieren (Tupperware®-Effekt).

Bei Betätigung des Türschlussmechanismus kann abgesaugte Luft - durch dessen Konstruk-tion - sogleich wieder einströmen (Druckausgleich). Der in einer Olive eingesenkte Türgriff öffnet zuerst das Luft-Einlassventil. Erst nach diesem sogleich erfolgten Druckausgleich, lässt sich die Türe widerstandsfrei öffnen.

Bei jedem Türeschließen bewirkt ein Sensor oder Schalter das erneute Luft-Abpumpen; dieser Sensor kann jedoch auch deaktiviert werden.
Die Kondenswasser-Ableitung gibt den Abfluss der anfallenden Flüssigkeit bei jedem Öffnen des Kühlraums (über ein Unterdruck-Kugelventil) frei. Beim Türe-Schließen bzw. neuerlichen Luft-Verdünnen verschließt das Ventil diesen Abfluss wieder.

= = = = = = = = = = = =

= = = = = =

SCHLAMM-ARBEITSSTIEFEL - DIE IM MORAST NICHT STECKEN BLEIBEN

Es gibt natürlich bereits eine Vielzahl diverser Regenstiefel am Markt. Im Arbeits- bis zum Modebereich hat es für jeden Bedarf seine Modelle, doch gäbe es auch einen Sonderbedarf für`s Arbeiten im moorigen Tiefschlamm, welcher bisher besonders kraftzehrend ist.

Um das normale Gehen in zäh-nassem Schlamm zu gewähren, genügt einfach ein offener, mitverarbeiteter 2 mm Luftkanal, welcher im Stiefel über den Wadenschaft abwärts, dann durch die Fersensohle bis zur Ristwölbung verläuft.

So muss der Fuß mit dem Stiefel keinen anstrengenden Sogstempel bilden, und man kann fast ungehindert wie auf neutralem Untergrund gehen.

Unerheblich bleibt hierbei, dass dieser Kanal bei jedem Schritt etwas vom Schlamm aufnimmt, da diese Menge auf pneumatischem Weg ganz leicht wieder austritt.

© by Michael Thalhammer - Wien, am 21.10.2019

_ _ _ _ _ _ _ _

_____

_

Fallen für Heuschreckenschwärme - Inspiriert aus der großen Plage 2020

Große netzbespannte Gestelle lassen sich folgendermaßen leistbar und einfach herstellen:

Der Korpus wird aus langen Bambusstangen gebildet*. Durch den Einschub des dünneren Stangenendes in einen dicken Stangenanfang entstehen beliebig lange Einheiten. Bei z.B. 50 m Seitenlänge und etwa 10 m Höhe bilden die Netz-überzogenen Fallen – bestehend aus rund 100

Stangen und 4.500 m² Netzanteil – **ein Volumen von 25.000 m³**.

Ausrichtbar **zur Flugrichtung des ankommendn Schwarms** wird die jeweilige Seitenfront zu Boden gelassen und bildet so den offenen Einflug in den Käfig. Darin lassen sich etliche Tonnen der **an Proteinen reichen Heuschrecken** fangen und vor Ort, je nach Gegebebnheit, wirtschaftlich weiter verwerten.

Nach und nach, in einfachen Pyrolyseöfen verköhlert, vertreibt der Duft weitere Heuschrecken aus dem Gebiet und ergibt dann als Tierkohle eine gute **Bodendüngung**. Der Großteil der Ausbeute wird Hautieren oder auch den Menschen als **Nahrung** dienen.

Oder: ein georteter Hauptschwarm wird mit 4 Gleitschirmspringern und etwa vier Hektar großes, engmaschiges Nylon-Leichtnetz (= 200 x 200 m) aus großer Höhe angeflogen. Bei gleichzeitigem Absprung spannen diese Vier das Netz über dem Zentrum aus und weitere Helfer sammeln die so gefangenen Insekte zur weiteren Verwendung ein.

Auch Enten fressen gerne lebende Heuschrecken, wie auch schädliche Reisfeldschnecken vom Acker und ...

Lockstoffe – welche zu entwickeln wären – könnten die Schwärme in solche Fallen locken.

Das Ziel wäre eine harmonisch verträgliche Restpopulation. Sie soll weder die schädliche Seite der Art überzogen reduzieren, noch den Bedarf nach sicheren Ernteerträgen ansässiger Menschen gefährden.

* In „Friedenszeiten" werden Netze und Stangen unter Planen gelagert.

Diese Ansätze mögen mit Hilfe der UNIDO, FAO und UNHCR Umsetzungen finden.

_____

Siehe weiters: Strom-Boje von *AquaLibre*: www.aqualibre.at .

= = =

<u>Aufblassegel</u> auch für Frachtschiffe

90 % aller Fernfracht geschieht auf "dreckigen" Seewegen (Schwerölbetrieb).

Dies soll und muss in Zukunft anders werden. Nun ist es auch gut und günstig umsetzbar! Mit der einfachen wie revolutionären Erfindung zweier Schweizer Tüftler lassen sich auch 1000 m² große Segelflächen verwirklichen. Große Schiffe können sogar mit mehreren tausend m² mit Windkraftantrieb ausgerüstet sein.

Die Vorteile VON IWS: Das Segel fliegt senkrecht. Das NACA-Profil wurde erstellt, um eine hohe Antriebskraft für einen niedrigen Aufrichtmoment zu entwickeln.

Das symetrische Tragflächenprofil ist ausbalanciert und befindet sich in der besten Position, um die treibende Kraft zu maximieren.

Das aerodynamische Zentrum bleibt bei allen Windverhältnissen stabil.

Diese Art Segel kann in Systemautomatik betrieben werden.

IWS.bestehen aus einer doppelten Haut als symmetrischem Strömungsprofil.

Lüfter in der Vorderkante stabilisieren die Segelform für alle Windverhältnisse und ein freistehender, einziehbarer Mast ist im aerodynamischen Zentrum des Tragflügels.

IWS Reduziert den Aufwand auf dem Boot: Formkontrolle über den Innendruck, keine Latten, kein lokaler Stress. Der Flügel fliegt vertikal und erzeugt keine lokalen Spannungen in der Membran, leichtes Segeltuch.

Siehe dazu das 8 min. VIDEO auf: https://www.yacht.de/yacht_tv/test_technik/ist-der-aufblasfluegel-die-revolution-des-segelns/a118866.htmlsowie: www.inflatedwingsails.com

<u>Perfekt für gigantische Segel zu.Superyachten, Öltanker etc..</u>

Wenig Fersenwinkel gegen den Wind. Freistehender, einziehbarer und leichter Mast, der im Flügel versteckt ist. Das Ablassen des IWS erfolgt durch Entleeren des Flügels und Zurück-

ziehen des Masts. Der leichte Baum, ist in den Flügel integriert und nimmt den Teil des Segels auf, der fallen gelassen und entleert wurde.

IWS verhält sich wie ein Muskel, stabilisiert durch Hochdruck. Keine Druckkräfte in der Takelung, was den Gebrauch eines einziehbaren Mastes erlaubt.

Source: WWW.INFLATEDWINGSAILS.COM

Auch diese Ansätze wären auch von der UNIDO zu weiterer Umsetzung anzuregen.

GLYPHOSAT - kommt Ersatz?

<u>Ungewöhnlicher Zucker aus Cyanobakterien wirkt als natürliches Herbizid:</u>
Chemiker und Mikrobiologen der Universität Tübingen entdecken Zuckermolekül, das Pflanzen und Mikroorganismen hemmt und für menschliche Zellen ungefährlich ist – Eine Alternative für das umstrittene Glyphosat.

Forscherinnen und Forscher der Universität Tübingen haben einen Naturstoff entdeckt, der dem umstrittenen Unkrautvernichtungsmittel Glyphosat Konkurrenz machen könnte: Das neu gefundene Zuckermolekül aus Cyanobakterien hemmt das Wachstum verschiedener Mikroorganismen und Pflanzen, ist aber für Menschen und Tiere ungefährlich.
Wirkstoffe für den pharmazeutischen oder landwirtschaftlichen Gebrauch haben ihren Ursprung oft in Naturstoffen. Diese können aus komplexen chemischen Strukturen bestehen, aber auch verhältnismäßig einfach aufgebaut sein. Oft liegt die Genialität solcher Wirkstoffe in

ihrer Einfachheit: Sogenannte „Antimetabolite" (von Metabolimus=Stoffwechsel) treten in Wechselwirkung mit lebenswichtigen Prozessen in der Zelle, indem sie Stoffwechselprodukte nachahmen. Das Ergebnis ist eine Störung des betroffenen biologischen Prozesses, was zur Wachstumshemmung oder gar zum Tod der betroffenen Zelle führen kann.

Das Tübinger Forschungsteam aus der Chemie und Mikrobiologie stieß nun auf einen sehr ungewöhnlichen Antimetaboliten mit bestechend einfacher chemischer Struktur: Ein Zucker-molekül mit dem wissenschaftlichen Namen „7-desoxy-Sedoheptulose (7dSh)". Anders als gewöhnliche Kohlenhydrate, die in der Regel als Energiequelle für Wachstum dienen, hemmt diese Substanz das Wachstum verschiedener Pflanzen und Mikroorganismen, wie zum Beispiel Bakterien und Hefen. Der Zucker blockiert dabei ein Enzym des sogenannten Shikimatwegs, eines Stoffwechselweges, der nur in Mikroorganismen und Pflanzen vorkommt. Aus diesem Grund stufen die WissenschaftlerInnen den Wirkstoff als unbedenklich für Menschen und Tiere ein und wiesen dies auch bereits in ersten Untersuchungen nach.

Langfristiges Ziel sei, umstrittene Herbizide und damit auch deren gesundheitlich bedenk-lichen Abbauprodukte langfristig ersetzen zu können, so die WissenschaftlerInnen.

Quelle: Die gemeinsame Studie wurde unter Leitung von Dr. Klaus Brilisauer, Professorin Stephanie Grond (Institut für Organische Chemie) sowie Professor Karl Forchhammer (Interfakultäres Institut für Mikro-biologie und Infektionsmedizin) durchgeführt. Sie ist im Fachjournal »Nature Communications« erschienen. 10.1038/s41467-019-08476-8

============

=======

LINSEN: Das Rezept gegen den Welthunger

Quelle: https://youtube/TByhNAgAZ8M

Kleine Pflanze – große Hoffnung: Linsen könnten der Schlüssel sein im Kampf gegen Hunger und Mangelernährung. Sie gedeihen in Trockenregionen, sind sehr proteinreich und wahre Kraftpakete voller Mineralien und Spurenelemente. Wissenschaftler überall auf der Welt arbei-ten daran, sie dank modernster Biotechnologie noch ertragreicher und krankheitsresistenter zu machen.

Linsen könnten das sein, was die Menschheit dringend braucht: ein echtes Ernährungswunder. Die anspruchslose Hülsenfrucht gedeiht nicht nur besonders gut in Trockenregionen; Linsenpflanzen haben außerdem die Fähigkeit, Stickstoff aus der Luft in ihren Wurzelknollen zu speichern. So düngt ihr Anbau auch auf natürliche Weise den Boden. Außerdem sind Linsen wahre Kraftpakete voller Mineralstoffe und Spurenelemente.

Nimmt man die kleinen Hülsenfrüchte zusammen mit Getreide oder Vollkornreis zu sich, ergibt das ernährungsphysiologisch gesehen eine perfekt ausgewogene Mahlzeit. Denn Linsen enthalten rund 25 Prozent Protein. Wissenschaftler in aller Welt bemühen sich deshalb,

Linsenpflanzen noch ertragreicher zu machen. Forscher züchten besonders robuste Sorten und auch extrem schnell reifende, die zusätzlich in die Fruchtfolge der Kleinbauern in armen Ländern hineinpassen.

Die neuen Sorten werden außerdem so gezüchtet, dass sie noch mehr wichtige Nährstoffe wie Eisen und Zink enthalten. So sind Linsen auch ein Rezept gegen den versteckten Hunger, die Mangelernährung. Größter Anbauer von Linsen ist inzwischen nicht mehr Indien, sondern Kanada. Die Provinz Saskatchewan wird schon als „Linsenkammer der Welt" bezeichnet. Kanadische Linsenpflanzen wurden so entwickelt, dass sie mit Maschinen zu ernten und zugleich resistent gegen Unkrautvernichtungsmittel sind. Das garantiert riesige Erträge. (In Kanada sind die Linsen oftmals Bestandteil in der 4jährigen Fruchtfolge. Dies spart Stickstoffdünger)

Doch gleichzeitig entwickelt sich gerade in den Ländern, wo die Menschen ganz besonders auf Linsen angewiesen sind, eine immer größer werdende Versorgungslücke. Die Arbeit der Linsenforscher ist daher ein Wettlauf gegen die Folgen des Klimawandels und des Bevölkerungswachstums.

Unter: www.marysmeals.org >Eine Schale Getreide verändert die Welt< kannst auch du hocheffizient helfen, die bitteren Folgen von Nahrungs- und Bildungsmangel zu lindern.

========

VORTEX-PLADELESS erübrigt   u.U.   klassische   Windräder

WIE ES FUNKTIONIERT? im Vergleich zu einer herkömmlichen Turbine gleicher Größe hat es
einfachen Herstellungsprozess
geringe Wartung
getriebelos und ölfrei
kein Bremsen nötig
immer orientiert
geringere Windreichweite
Geringerer Platzbedarf
Längere Lebensdauer
kleine Fundamente

AUFBAU & FUNKTION

Vortex-Geräte sind vom Konzept her recht einfach und lassen sich leicht herstellen, installieren und bedienen.

Sie bestehen aus einer festen Basis und einem zylindrischen Mast, der senkrecht zur Windrichtung frei schwingt und durch eine Kohlenstoffstange verbunden ist.

Die inneren Teile kollidieren nie miteinander, sondern interagieren, um Elektrizität zu erzeugen. Wenn der Wind um eine Struktur strömt, entstehen Druckwirbel.

Die Frequenz der Wirbel hängt von der Windgeschwindigkeit ab, und wenn die Struktur eine ähnliche natürliche Resonanzfrequenz hat, beginnt sie zu schwingen und ihre Energie zu nutzen. Dieses Phänomen der aeroelastischen Resonanz wird Wirbelablösung genannt und kommt in der Natur regelmäßig vor.

ENERGIEWANDLER

Ähnlich wie bei einem herkömmlichen Wechselstromgenerator entsteht bei unserem Gerät eine Wechselwirkung zwischen Spulen und Magnetfeldern, die Elektrizität durch elektro magnetische Induktion erzeugt, ohne dass eine Drehung auf einer Welle oder ein Getriebe erforderlich ist.

Die Magnete fungieren auch als „Tuning-System", indem sie die scheinbare Elastizitätskonstante des Mastes verändern und so den Windgeschwindigkeitsbereich erweitern, in dem Schwingungen auftreten.

MÖGLICHE ANWENDUNGEN

Da unsere Geräte wenig Wartung erfordern und (wie Solarmodule) für die Tierwelt unschädlich sind, eröffnen sie neue Horizonte für die Windenergie in städtischen Gebieten und Naturschutzgebieten.

Sie können jedoch auch die Installationszonen herkömmlicher Windkraft nutzen, sodass diese Technologie ihre eigenen Eigenschaften für die Produktion im großen Maßstab in klassischen Windparks oder riesigen Offshore-Anlagen nutzen kann.

Quelle: www.vortexpladeless.com

==========
=====
=

HOCHWASSERSCHUTZ mittels Wasser-befüllter Schläuche

bietet ein einfaches, x-mal einsetzbares System, wie es z.B. **www.mobildeich.de** anbietet. Es erspart die mühsame und zeitraubende Arbeit mit Sandsäcke befüllen, stappeln und dem ganzen Hernach; also vor, während und nach derartiger, teurer Katastrophen.

============
=====
=

Wiederaufforstung mit DROHNEN - Eine Milliarde Bäume pro Jahr

Britische Forscher wollen mit Drohnen Orte finden, an denen Bäume gepflanzt und Samen direkt an der richtigen Stelle gesät werden können. Lauren Fletcher und sein Team von BioCarbon Engineering wollen eine Milliarde Bäume pro Jahr pflanzen. Die Drohnen sollen zunächst eine 3D-Karte erstellen, auf deren Grundlage die Forscher einen Pflanzplan erstellen.

Daraufhin fliegt eine weitere Drohne über das Gebeit und schießt so genannte Samenbomben in den Boden. Besser als die Aufforstung von Hand kämen die Drohnen viel schneller voran – Bäume könnten auch in schwer zugänglichen Regionen gepflanzt werden.

Eine Drohne könnte etwa 600 Samenbomben pro Stunde pflanzen. Zwei, drei Piloten könnten so an einem Tag bis zu 36 Tausend Bäume pflanzen; diese müssen dann systematisch per Drohnen gedüngt und bewässert werden. Drohnen arbeiten 10 mal schneller als per Hand und Baumnachsetzungen sind klimatechnisch von ganz dringlicher Notwendigkeit.

Quellen: www.**biocarbonengineering.de** , www.**abc.net.au** , www.**skoll.org/skoll-awards** und in www.**dubaifutureaccelerators.com**

======
==

Bevor wir - geschätzte Leser - auf das Thema unserer inneren Atmosphäre und Spiritualität im 3.Teil näher eingehen wollen - noch ein paar Worte zu unserer weltlichen "Realität":
Real erscheint uns Menschen alles, was in Bezug zu Beruf, Herstellungen, diversen Dienstleistungen und sozialem Ansehen mit *Geldeswerten* zu tun hat. In der Folge befindet sich jeder, wirklich jeder, in seiner speziellen gesellschaftlichen Zugehörigkeit. Die Rüttelsiebe* von Industrien, Finanzwesen, und das allgemeine auf Konkurrenz geschehende Handeln und Denken bewirken jedoch einen gewissen, unmerklichen "Seelenraub".

Aus dem einher entstandenen Raubbau folgten dann auch: *land-grabbing*, Kinderarbeit, regional extreme Armut, *ethnocide*, aussterbende Berufsgruppen und allerlei Aneignungen von Ressourcen, durch Wenige. Jeder wurde ersetzbar und zählt nur mit seinem Konsumvermögen und als Wählerstimme - oder er zählt gar nicht, und ist gezwungen in seiner existenziell prekären Armut zu verbleiben.

Mein Standardbrief in LinkedIn:
CO2-freie Konzepte zur Steuerung der Verbrauchernachfrage - schau in www.earthsolar.info: Lizenz-freies zu TubeWaySolar, grünes Bauen, selbstfahrende Landmaschinen, Plastikvermeidung, TOPten4Bikes und mehr ... denn, es ist von höchster Dringlichkeit, das "Raumschiff Erde" in ruhigere Gewässer zu steuern.

"Gott vergibt immer, wir vergeben manchmal, aber wenn die Natur – die Schöpfung –

misshandelt wird, vergibt sie nie." ~ Papst Franziskus

Buchtipps: *Naomi Klein* - „Warum nur ein »GreenNewDeal« unseren Planeten retten kann" und von *Katharina Rogenhofer* - „Ändert sich nichts ändert sich alles" und als Kontrast: *Maria Valtorta* – „Der Gottmensch" sowie: *Heribert Prantl* – „KINDHEIT erste Heimat".

3. Kapitel

INNERSEELISCHES
Ist eine enkelgerechte Zukunft erwartbar ?

Hier geht es mir um die Wandlungs- und Hoffnungsfähigkeit von uns Menschen:

Seit mehr als 200 Jahren haben uns manch technische Entwicklungen, die seelenlosen Industrien, die rein monetären-, macht- und wirtschaftspolitischen Interessen sowie manch bedenkliche Wissenschaftsanwendung in gefährliche Irrgärten verführt.

Wir wissen zwar nicht, wie lange es uns noch möglich sein wird, auf Erden zu leben; doch erhoffe ich, dass die Zeit der Verirrungen ausläuft, und wir auf eine gänzlich neue und offene Ära zustreben.

Mag sein, dass unsere jüngst Geborenen längst nicht die letzte Generation sind. Viel Substanzielles zu deren Auslangen verbleibt dennoch nicht; denn die technischen und Wirtschaftlichen Errungenschaften der letzten Jahrzehnte verschafften uns einen atemberaub-enden und ungewöhnlich hohen Luxus und Wohlstand - all diesen Überfluss jedoch auf Kosten sämtlicher Boden- und Lebensschätze. Auch ist eine Langzeitbewahrung der globalen Biosphäre - rein durch *technisch fortschreitende Mittel* - niemals erreichbar.

Dies aber versetzt uns nun in die „heilige Pflicht", Perspektiven zu suchen, zu finden und unseren Kindern zu übermitteln! Hierzu braucht es wohl viel an Gespür, Duldsamkeit und mutigem *Zur-Wahrheit-Stehen*, wo sich bereits Heute (nicht nur einige NGOs sondern ja auch unsere Kinder) wegen mancher zu Recht bestehender Vorwürfe voller Wut äußern. Was vormals eine <u>Weitergabe gesunder Erbschaften</u> ermöglichte, zeigt nun, dass viele mit ziemlich leeren Händen vor unserer nachdrängenden Jugend stehen. Dies ist für etliche ein traurig-beschämendes Faktum geworden. Soviel also zum "großen Rahmen".

Heute ergeht es uns allen - schneller als je zuvor - ähnlich einem Embryo vor seiner nahenden Geburt: Auch ihm wird es zu eng, und es droht seine Unterversorgung. Auch kann sich das kleine Menschlein die Welt da draußen nicht vorstellen, und so befällt ihm <u>Daseinsangst</u>. Dabei geht es öfters auch tatsächlich um Sein oder nicht Sein - um Leben oder Versterben! Der aufgebrauchte Mutterkuchen und das zunehmend toxische Umfeld drängen es in die große Bedrängnis im engen Geburtskanal. Mutter und Kind, und irgendwie auch der Vater, kommen ganz an den Rand der eigenen Kräfte.

So kommt nun, geehrte Leser, in diesem Werk nochmal richtig Fahrt auf. Es geht um **RELIGION** (hier eher in christlicher Auffassung) <u>und ihrem Wandel zu menschlicher Moral und Ethik</u>. Unser Bestreben nach Rückverbindung zu unserem Schöpfer, der Heimweg zu Gott also - er dauert zumeist ein Leben lang bzw. tausende Jahre in der Historie zweier Testamente.
Dies Bestreben kommt nicht in billiger Weltflucht, als Ausrede vor unseren Nachkommen; denn es entspringt dem göttlichen Eingreifen, also »Abbas Zusagen«. Hierbei geht es für uns alle (nicht nur für Getaufte) darum, in den zehn Geboten und den Lehrsätzen Jesu Glück, Freiheit, Freude und innere Ruhe zu erlangen, welche wir uns <u>ja nie wirklich</u> selbst geben können.
Mein Zum-Glauben-Finden war nur ein ganz besonderes Gefühl von Berührt- und Gemeint-Sein, bei dem ich spürte: *das ist es!* Dieses zarte Geschenk ließ mich stammelnd so was Ähnliches wie beten und mit Freudentränen danken. Mehr nicht; doch es erfüllte mich mit einem umfassenden Vertrautsein. Dass mein Glaubensleben aktiv zu wachsen begann, war auch nicht meine eigene Bewässerung – doch es blieb mir immerzu als ein Geschenk, dem ich mich mit Babyschritten anzunähern vermag. ER selber kommt mir aus großer Distanz - vom siebenten Himmel her entgegen! In seine Liebe will ich geborgene Zuflucht nehmen.

Das Nichts und das fast Nichts

Angenommen, es gäbe nur das blanke Nichts, bloß die totale Leere; und so ist es ja nahezu gänzlich, in den regelrecht endlosen Weiten des -272°C kalten interstellaren Raums. Dort ist nur äußerst selten mal ein Teilchen oder ein Photon Licht auffindbar; ja selbst Licht erreicht diese Bereiche nie. Es blitzen dort höchstens mal ein paar zarte Strahlen von einem ultraweit entfernten und hochseltenen Ereignis einer Supernova auf.

Da gibt es in einer Galaxie wie der unseren schon Etliches mehr: zahllose Elementarteilchen,

Licht, unvorstellbar hohe Energieabläufe und Sonnen ohne Ende ect..

Doch all das ist wiederum fast gar nichts im Verhältnis zu hier auf Erden; mit einer wirklich unglaublichen Fülle an echtem Leben, in unendlicher Vielfalt, harmonischer Schönheit und in ständiger Kommunikationsfülle; also eingehüllt in eine regelrechte Informationswolke ohnegleichen. Die besten Astroforscherteams mit ihren modernsten Teleskopen können bislang nichts Ebenbürtiges erblicken. Heute haben Astronomen moderne Teleskope, mit denen sie über 13 Milliarden **Lichtjahre**!! weit ins »All der Zeit« zurückschauen können.

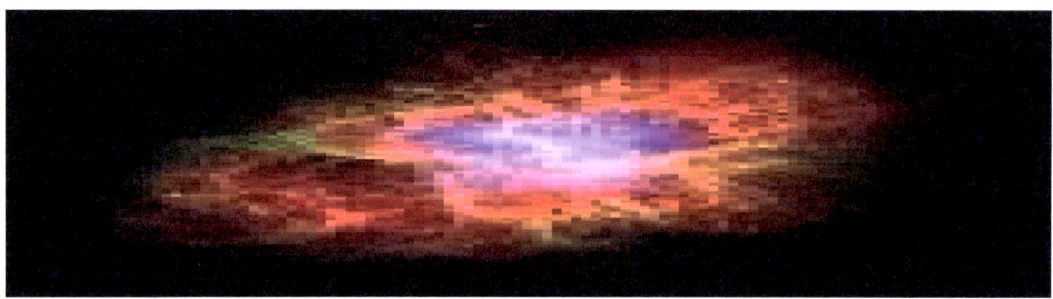

Lass dir alleine diese paar Tatsachen einfach einmal auf der Zunge zergehen!

Hierzu noch ein paar wesentliche Gedanken: Unser an Leben und Arten übervoller Planet Erde birgt eine noch weit "übervollere" **Informationsdichte** an Kommunikationen untereinander. Diese oberflächlich nicht erkennbare Megawolke an Austausch ermöglicht ja erst dieserart geordnete Schönheit und Harmonie innerhalb der irdischen Lebensfülle.

So hat jede Art in ihrem Habitat ihre eigene "Sprache" für ihr Bestehen, ihr sich Fortpflanzen und ihre Nachwuchsaufzucht.

Für uns Menschen bieten dies die rund 20 Laute, welche uns befähigen, in den weltweit etwa 6500 verschiedenen Sprachen* (in Schrift als Buchstaben) zu kommunizieren. Mit diesen kargen rund 20 Lauten drücken wir unglaublich viel jeweils Unterscheidbares als unsere Meinungen, Wünsche, Ideen und Gefühle aus. Wir benennen mit ihnen all die Dinge, Zustände und all die anderen Lebewesen, die wir kennen. Ist das nicht höchst erstaunlich?

laut Max-Planck-Institut für evolutionäre Anthropologie: allein schon die sieben Millionen Einwohner des pazifischen Inselstaates Papua-Neuguinea sprechen über 800 Sprachen.

Wie bewundernswürdig und bestaunenswert ist es erst, dass Gottes wirkmächtiges Wort allein dies alles, kraft seiner unendlichen Liebesmacht *ins Dasein sprach* und bis heute und weiterhin konstant aufrecht erhält!

Welche Vielfalt explodierenden Lebens erschuf Gott mit nur 4 Buchstaben: Adenin (A) und Thymin (T), Cytosin (C) und Guanin (G)*. *Siehe.dazu:* https://simpleclub.com/lessons/biologie-dna

Der DNA-Faden ist wie eine Strickleiter aufgebaut. Das Rückgrat der Leiter besteht aus einem Zucker, der Desoxyribose, verbunden im Wechsel mit Phosphat. Die Sprossen dieser Leiter werden von den vier organischen Basen A, T, G und C gebildet. Die DNA in einer menschlichen, also eukaryotischen Zelle hat eine Länge von etwa 2 m. Ein Mensch besteht aus etwa 100 Billionen Zellen, davon sind 25% Blutzellen, die keinen Zellkern haben. Die Länge der DNA in einem Menschen beträgt also 150 Mrd. km, also 1000 mal die Strecke von der Erde zur Sonne.

Auch sind die menschlichen Liebessprachen hoch vielschichtig ...

Der Klimawandel, die Wirtschaftskämpfe und auch die rasanten technischen Entwicklungen machen uns atemlos und ängstlich, hilflos – zumindest jene Menschen, welche ohne Glauben, ohne dem lebendigen Gott, ohne Gebete und ohne Sonntagsandacht auskommen wollen. Doch schlimmer als Klimawandel und Ressoucenverknappung bedrohen uns die global aktuellen Kriege! Sie sind ebenfalls eine logische Folge aus der allgemein platzgreifenden Gottesferne.
Doch: <u>Gott Lob!</u> Uns allen entgegnet auch etwas Anderes; <u>ein Auffangnetz</u>, welches ebenso erfolgreich durch unser Empathievermögen, unsere moralischen Kodizes und durch eine gewiss in jedem Herzen innewohnende Solidarität bedient wird. Denn auch ethisch-menschliche Parameter weben an diesem starken Auffangnetz. Unsere vielen "kleinen" Taten, das Reden, Fühlen und Denken - im Zusammenhang mit Motivation und Können, mitsamt einem eventuell bestehenden Unvermögen - leiten uns, zur seit ewiger Zeit beschlossenen End-Scheidung (*Offb.d.Joh.*), um uns heimzuholen, zu bergen, und aus allerlei Anfeindung zu erretten. Zu einer starken Hoffnung gehört nun mal auch ein klarer Glaube, auf welchem die jeweilige Hoffnung begründet ist. Glaube aber führt, religiös gelebt, nach und nach zur Liebe - einer Liebe, welche die menschlich höchste Zielerreichung darstellt und die sogar stärker ist als jeder Tod.

Zugleich wird ja auch immer deutlicher, dass es keiner von uns geschaffenen Organ-

isation oder rein menschlichen Lichtgestalt gelingen kann, die chaotische Unordnung, die wir der hochgradig kunstvoll strukturierten Natur als "natürlicher Ordnung" angetan haben, wieder herzustellen. Sie kommt erst als die Erfüllung des vorausgesagten »Neuen, ewigen Jerusalem« und dessen »lebendigem Wasser«. Dort ist der himmlisch herabkommende Lebensraum »für alle, die guten Willens sind«, vorbereitet. Denn JESUS kommt selber, um aufzurichten und uns in seine Gegenwart zu holen.
»Möge uns dies - bei allem Respekt zu anderen Religionen und Kulturen - in Treue zum eigenen Glauben widerfahren«.

<u>Riccardo Lombardi</u> meint in seinem letzten Buch: »Kirche und Reich Gottes« ... „Unserer menschlich subjektiven Lage entspricht ein laxes, perplexes, zartes, pharisäisches oder ängstliches Gewissen. Es meldet sich nicht nur in außergewöhnlichen Lebenslagen, sondern auch bei einfachen, alltäglichen Handlungen. Es ist ein universales Phänomen, das nicht auf geographische Grenzen oder Geschichtsperioden beschränkt ist. Immer und überall unterscheidet es zwischen Gut und Böse, wenn auch seiner Unterscheidung verschieden gefolgt wird. Es verrät sich in jedem vernünftigen Menschen." ... „Je mehr das rechte Gewissen sich durchsetzt, desto mehr lassen Einzelne und Gruppen von blinder Willkür ab und suchen sich nach den objektiven Normen der Sittlichkeit auszurichten."

Das Evangelium nach Johannes 1 beginnt zum All-einen-Gott in seiner eindeutiger Schauung:
1.1. Im Anfang war das Wort, und das Wort war bei Gott, und das Wort war Gott ...
1.4. In ihm war das Leben und das Leben war das Licht der Menschen ...
1.11. Er kam in sein Eigentum, aber die Seinen nahmen ihn nicht auf.
1.12. Allen aber, die ihn aufnahmen, gab er Macht, Kinder Gottes zu werden, allen die an seinen Namen glauben.
Und in Matheus 10,34 spricht Jesus im aramäischen Wortlaut: „Ich bin nicht gekommen, Harmonie zu verbreiten, sondern *Streitgespräche zu führen*" – statt „das Schwert", wie fälschlich übersetzt.

Glauben, wozu?

Gerade gläubigen Menschen bestätigen die Erkenntnisse aus den systematischen Erforschungen (insbesonders über Zellforschung und Biologie, Astrophysik und Anthropologie, Geophysik und Botanik, Chirurgie und Medizin usw.) das wundersame Einwirken Gottes. So kann er die Schöpfung noch tiefer bestaunen und ehrfürchtig annehmen. Glauben ist geradezu die Königsdisziplin, welche ihnen den bewahrenden Auftrag erteilt, das religiöse Licht auf den Leuchter und nicht unter den Schemel zu stellen. Gerade weil wir heute alles zu wissen meinen

und als erklärbar betrachten, pflegen Gläubige auch ihr ausgleichendes, demütiges Beten und Hoffen, jenseits moderner Berechenbarkeit. Erst Hoffnung *aus* Glauben schenkt uns die befreiende Liebe zu Gott, zu uns selbst und im Untereinander. Wissenschaft und Technikgebrauch stellen - außer zu bekannt schädlichen Ausnahmen - nur selten einen Widerspruch zur lange gereiften christlichen Lehre und Religionspraxis dar.

So tragen auch heute religiöse Menschen Verantwortung im Sinne "aktiven Schöpfungserhalts". Sie nehmen als Gläubige jeden negativen Technikgebrauch wahr und treten für sinnvoll-mögliche Änderungen ein. Auch mit des Himmels Beistand und geistigen Waffen kämpfen echt Religiöse für ein klimagerechtes Wirtschaften. Es ist Kampf, und wir müssen siegen - weil ohne Überwindung die emphatische Liebe gänzlich verschwindet!

Nur ein Sieg der »Erneuerbaren« über die »Fossilen« kann ein Überleben der kooperierenden Menschheit in einer lebenswerten Umwelt und intakten Ökologie nach sich ziehen. Ansonsten regiert weiterhin die stinkreiche Geldgier, die globale Vergiftung; und dann zerstört uns der über Armut und Ängste zueinander bewusst geschürte Hass.

So aber stehen 99 gegen Einen, der seine Brutalmacht und fiktive Finanzstärke wird aufgeben müssen. Und sicher werden sich auch die »schöpfungbewahrenden Kräfte aus allen Religionen« an vorderster Front einfinden. Jesus ist es, der uns da spontan vereinen kann und wird! Er ist es ja, der uns mit Gott bereits ausgesöhnt hat. Alles Negative kommt dabei an seinen vorbestimmten, Hölle genannten Ort.

Jesus hatte mich persönlich überzeugt: Er will, dass ich mein Kreuz auf mich nehme - geht er uns doch selbst beispielhaft voran. So hilft Er, mit Blick auf Ihn, sogar den Stachel des Todes im eigenen Leib zu überwinden. Seine frei geschenkte Selbsthingabe - Sein Kreuzopfer - zeigt uns, dass das Jenseitige - als Leben nach dem Tod - dazu gehört. Und so blieb Er nach der Auferstehung extra noch 50 Tage bei uns. Bis Heute ist er den Christen ein tages- u. jahreszeitlicher Strukturbildner - in zugleich permanenter Gegenwärtigkeit.

Psychodynamisch wäre es die Lehre vom Wirken innerseelischer Kräfte. Ich betrachte es hier einmal als Wortschöpfung, in der ich mit euch eine Rückverbindung zu IHM – zu Gott hin, zu ER-kennen versuche. Folgende Wort-Dualitäten vermitteln einen möglichen Vorstellungsrahmen zu »innerseelisch«:

Sieg – Niederlage	Richtig - Falsch
Gut – Böse	Bejahung – Verneinung
Nützlich - Unbrauchbar	Leben – Tot
Wahr - Lüge	Himmel - Hölle
Schön - Hässlich	Fortschritt - Stagnation
Liebe - Hass	Freude - Trauer, Bedauern
Jesus - Menschheit	Vertrauen – Angst
Wir - Ich	Frieden - Krieg

... betrachte nun diese "Dipole" mit allen Schattierungen und nimm dir ausreichend Zeit, um diese mit deinen Farben und deinen jeweils eigenen Emotionen zu erspüren. Lasse die jeweiligen Begriffspaare in dir einen harmonisch ruhigen bzw. stimmigen Platz einnehmen.

Selbst **im Falle eines Atomangriffs** verkürzt sich unser Heimweg kollektiv auf Mikroekunden vor dem letalen Einschlag. Auch in diesem Falle wäre »der uns Liebende« permanent gegenwärtig. Der »Lebendige« beherrscht das Totenreich, <u>indem er es gar nie zulässt!</u> »Ezechiel wird von Gott in eine Ebene voller Knochen geführt. Dort fragt Jachweh Ezechiel: „Menschensohn, können diese Gebeine wieder lebendig werden?" Noch während er ihnen neues Leben prophezeit, fügen sich die Gebeine zusammen. Auf Geheiß Gottes hin kehrte schließlich sogar die Lebenskraft der Toten zurück«. *Ez 37,1-14.* Lesen sie bitte mutig weiter!

Das Hoffnung schenkende Netzwerk »Kirche«

Am Weg ihres 2000jährigen Wirkens war Kirche bzw. das Christentum sicher nicht ganz unumstritten. Zugleich ist sie dennoch ihrem bewahrenden (konservierenden) Auftrag treu geblieben und aus göttlicher Wahrheit und Kraft essentiell immer neu erstanden. 84

So webt sie ja auch aktuell die alle Menschheit im wesentlichen umarmenden Liebesbande, aus Gebet, Lobgesang und Speisung, mit Himmelsgaben aus Wort und Wahrheit. Ihre ebenfalls globale (www-)Vernetzung steht Zeit-übergreifend in diesem ihren Auftrag.

Der Glaube an Jesus und seine Kirche erlebt in Europa z.Zt. zwar nicht gerade eine Renaissance. Doch mit Blick auf die Wachstumszahlen in anderen Teilen der Welt, erscheinen auch hierzulande erneuernde Hinwendungen zu unserem Glauben an Jesus als durchaus möglich. Nüchtern betrachtet sind es ja gerade die allgemein mageren Zukunftsaussichten, der Leidensdruck und die Angst vor der sich zusehends verschärfenden Bedrohungen, welche durchaus eine neuerliche Umkehr hin zu religiös Spirituellem ergeben dürfte.

Kirche, als Gemeinschaft spendende Glaubensvermittlung, ist beständig, und mit Jesus bislang auch unerlässlich. Ganz so, wie Ehe und Familie für stabile Sozialstrukturen und eine beglückende Form der Lebensweitergabe, wie auch zu innerem Glücklich-Sein sicher nicht ersetzbar sind.

Zwar gibt es mitunter auch das natürliche Gut-Sein im Menschen, ganz ohne Glauben, und jenseits ehelich treuer Freude. Doch fehlt es dabei zumeist an jener Kraft, welche eine vom Ehesakrament her getragene Lebensverbindung mit sich führen kann. Nicht Gott braucht unsere Gebete, sondern religiöse Menschen brauchen und bitten um Beistand, welcher gläubigen Menschen in vielerlei Nöten, als Sein Eingreifen, oft und oft erfahrbar wurde.

» Da mein genialer Schöpfer mich unendlich liebt – liebe auch ich «
"Seh ich den Himmel, das Werk Deiner Finger, / Mond und Sterne, die Du befestigt: Was ist der Mensch, dass Du an ihn denkst, / des Menschen Kind, dass Du Dich seiner annimmst? Du hast ihn nur wenig geringer gemacht als Gott, / hast ihn mit Herrlichkeit und Ehre gekrönt. Du hast ihn als Herrscher eingesetzt über das Werk Deiner Hände, / hast ihm alles zu Füßen gelegt." *Psalm 8,4-7.*

Wie können bislang Ungläubige nun eine Verbindung zu Gott aufbauen?

Glauben braucht nun mal auch eine ganz persönliche Aneignung. Wenn einem die gottesdienstliche Liturgie nichts gibt, fehlt es demjenigen zumeist nur an der bewusst zustimmenden Entscheidung - an seinem innerpersonalen Ja, Ja zu Jesus - als dem Sinn, Ziel und der Mitte jeder betenden christlichen Gemeinde.

Manche überlegen: die Kirche könnte frischer, fröhlicher und weit toleranter sein? Jedoch hat auch jede Nation die entsprechend ihrem durchschnittlichen Entwicklungszustand genau stimmige Politik, und so auch die jeweils entsprechend passenden Glaubensgemeinden! Sein göttliches *Ja* hat ER uns schon im Schöpfungsakt erwiesen. ER sehnt sich *unendlich* danach, mit uns als Seine Kinder liebende Beziehung zu haben, und ER wartet auf uns und kennt unsere Sorgen und inneren Nöte. So erwirkt die Institution Kirche auch indirekt die Nähe mystischen Reiches. Zwar können wir Gott nicht sehen oder angreifen, uns Ihn niemals in der Gänze Seiner Majestät vorstellen. Aber wir können zum Beispiel damit beginnen, über Seine äußerst beeindruckenden und phantastisch-großartigen Werke zu staunen. Auch die Vorstellung Seiner Präsenz in uns und in der gesamten, wunderschönen Natur, Seiner Schöpfung insgesamt, ist ein guter Anfang.

Vertrauen, Dankbarkeit und etwas nötige Begeisterung halfen mir, Gottes liebende Anwesenheit zu spüren. Die Suche nach "Erfüllung in Gott" war mir in persönlichem Geführtsein durch Sein Wort und der Freude an christlicher Gemeinschaft geschenkt.

Über ihre berührend schönen Loblieder und auch über die Schönheit und Ruhe mancher Gotteshäuser kam ich Schritt für Schritt dazu, mit dem unsichtbaren, lebendigen Gott auch direkt zu sprechen. So wagte ich anfangs eine gewisse Gebetsverbundenheit einzuüben. Sie weckte in mir auch die Gewissheit, dass in "einem neuen Himmel und einer neuen Erde" die zukünftige Ablöse des Alten kommen wird.

All dies erwirkte in mir, dass ich durch meine Beziehung zu Gott unabhängiger von äußeren Umständen, zufriedener und glücklicher wurde. So bleiben z.B. Ehepaare, die gemeinsam beten, zu 97%! in treuer Gemeinschaft miteinander verbunden. Was könnte uns wohl wünschenswerter und glückbringender sein, als solche Gemeinschaft zu leben?

In erster Linie kommt es daher auf unsere Beziehung zu unserem Schöpfer an, durch welchen wir ja das Leben haben. Es geht also um unser DU und JA zu IHM, um Seinen Auftrag an uns und um Seine Gebote. Ich bin überzeugt, wenn wir zu Gottes Gesetzen stehen, uns seiner Gnade anvertrauen, dass dann unsere Umwelt und unsere Beziehungen zueinander gänzlich ausheilen.

Es gilt, das gängige Vorurteil zu erhellen, dass unsere moderne "Aufgeklärtheit" und die früheren, von Religionen geprägten Werte, unvereinbar wären. Wir Menschen suchen

nämlich zurecht nach der Einbettung in den größtmöglichen Bezugsrahmen. Sie zeigt sich als Anerkennung der Menschenwürde, Überwindung des Rassen-, Völker- und Klassenhasses, Aufwertung der Frau, Verlangen nach Gerechtigkeit und Freiheit, und der Sehnsucht nach einer friedvollen Welt. Das Reich Gottes bricht bereits mit Macht auf die Erde hernieder. Nun bereits abseits von noch religiös geprägten Gruppen, also auch hinein in`s heutige säkulare, scheinbar oberflächliche Bürgerleben.

Nur Anstrengung, Wissen und Vernunft können uns nicht die Geborgenheit vermitteln, in die Gott uns einbeziehen möchte! Spruch des Herrn: "Habe ich etwa Wohlgefallen am Tode des Gottlosen? Und nicht vielmehr daran, dass er sich von seinem bösen Wandel bekehrt und am Leben bleibt?" *Hesekiel 18,23*

Die Genesis z.B. hat durchaus schlüssige Erklärungen über die Anfänge unseres menschlichen DaSeins. Ja, die Bibel übermittelt (in zwei göttlich inspirierten »Testamenten«), zu altem Verständnis zwar eher bildhafte Schöpfungszeiträume - dennoch bietet sie uns erstaunliche, zumeist richtig dargestellte Antworten. Ehrliche Antworten, z.B. zu unserer <u>Sterblichkeit</u> fand ich besonders in der Bibel. Sie bietet Lösungen in Not, Armut und Leiden. Sie hat Wege zur rechten Lebensführung und zeigt uns (in Jesu Kreuz und Sieg über den Tod) ein liebevolles, einzigartiges Vorbild. Denn, nehmen wir unsere Sterblichkeit an, so führt sie uns heim - wie nach tiefem Schlaf - zu ganz neuen Ufern.

Diese mystische Seite zur Zielerreichung begegnet uns ansatzweise in mancherlei gelebter Religion. Im Ausdruck jeweiliger Tradition gelebten Brauchtums und in ihrer jeweilig vermittelten Gottesdarlegung, begegnet uns zumindest auch deren Lebensfreude die über das sterbliche Sein hinweg hilft. Ihre Strahlkraft und Zusagen gewähren auch im irdischen Leben ein sicheres Geleit.

Besonders ausführlich und unmissverständlich lehrt dies der christliche Weg; denn, bis in unsere letzte, unerträgliche Einsamkeit hinein, ja, am Höllenabgrund unseres Absterbens, holt ER, JESUS, uns durch sein eben dort anwesendes Warten ab - um uns in die wahre Heimat beim himmlischen Vater zurückzubringen. So sind vertrauender Glaube, feste Hoffnung und Annahme Seiner Liebe die logisch angeratene Antwort zu unserer Endlichkeit.

Jesus sprach: »Ich bin die Auferstehung und das Leben. Wer an mich glaubt, der wird leben, auch wenn er stirbt, und wer da lebt und glaubt an mich, der wird nimmermehr sterben«. *Joh. 11.25; und 1. Joh. 5,12 .*

Nicht der Mensch ist es, der zu Gott geht und Ihm eine ausgleichende Gabe bringt, sondern Gott kommt zum Menschen, um ihm, aus der Initiative seiner Liebesmacht zu geben, und die gestörte Ordnung wieder herzustellen. "Gott hat in Christus die Welt mit sich versöhnt." *2 Kor. 5:19.* Doch sprach Jesus weiters auch: "Denn, wer sein Leben retten will, der wird es verlieren; wer aber sein Leben verliert um meinetwillen, der wird es gewinnen." *Math. 16:25*

Auf der <u>Metaebene</u> webt ja das Wirken göttlich zeitloser E- w- i- g- k- e- i- t. Nichts und niemand kann diese unaussprechliche und immerfort bestehende »Mitte der Ewigkeit« jemals verlassen. Das »Ruhen in Gott« konnte nur Jesus, als einzig gezeugter Sohn Gottes immerzu und bis über seinen irdisch-leiblichen Tod hinaus bewahren, und so auch uns Sein Friedensgeschenk im »neuen Bund« senden.

Für Gott sind 1000 Jahre wie ein Tag. Seine Ewigkeit sprengt einfach jede Raumausdehnung und jede Zeitspanne. Ob Amöbe, Blume, Baum, Mensch, Bergmassiv oder unsere Sonne - all diese haben im Dasein eine subjektiv eigene Lebenszeit.
Hingegen ist einzig Gott jenseits von Alpha & Omega - ER sprach: Lasst uns den Menschen schaffen ... und: Ich bin der ICH BIN DA - IMMER. Die Quelle von allem Schönen, Wahren und Guten ist ER. Sein Sohn und sein Liebesgeist waren vor aller Schöpfung.

» ER hat uns zuerst geliebt - und Er wartet auf uns, an der Türe unseres Herzens «.

Für ein Kind kreist der Sekundenzeiger nur schneckenhaft dahin. Einem Erwachsenen gehen die Minuten gar zu schnell vorüber, doch im Alter dreht sich der Stundenzeiger häufig wie ein Flugzeugpropeller ... da eilt einem scheinbar schon alle Zeit davon.

Kinder brauchen Spiele und Lieder - Charismatisches geziemt besonders der Jugend - Liturgie ist eher etwas für Erwachsene und das Alter sucht nach Stille und Einkehr, um in der eigentlichen Heimat anzukommen.

Was trennt uns, die wir noch auf Erden leben, von den Verstorbenen?

Was macht Sterben so schwer und trübe? All unser zeitliches Erleben schrumpft dabei scheinbar hin zu einem endgültigen Schlusspunkt. Doch lässt sich dieses Null und Nichts auch zu

88

einem Durchblick - wie durch ein Fernrohr, hin-interpretieren? Ganz so, als rollten sich all unsere Erfahrungsfilme zu einer Röhre zusammen? Diese Art metaphysischen Todesvorgangs scheint mir persönlich der Überraschungen unseres diskret liebenden Gottes ähnlich; und ich lasse den so angedachten Prozess als *eine* Vorstellung plausibler Möglichkeiten gelten.

ER zieht uns in die Herrlichkeit seiner Überfülle, welche uns in Gemeinschaft mit IHM – ohne Schmerz, Streit, Tot und Tränen - seinen Frieden schenkt. Empathie, Vergebung, Toleranz, Geduld, Liebe und andere heilsame Tugenden sind Guthaben, die uns vor spirituellem Bankrott bewahren können. Durch sie gibt uns die himmlische Bank Reichtum, Weisheit und seinen Schutz vor den Anklagen des gefallenen Luzifer und den Angriffen seiner Armee.

Wie schon eingangs bemerkt: haben uns rein monetäre und wirtschaftspolitische Interessen auf gefährliche Wege geführt.
Seither sind wir Menschen soziologisch eher Selbst-fixiert und in zeitgeistlichen Trends wie gefangen. Hinzu wissen wir nur wenig über unsere globale Umwelt und über all unsere Geschichten. Auch haben wir über die zwar erfolgreichen, jedoch hochkomplexen Produkt-entwicklungen nur wenig Ahnung. Das rasende Tempo der Neuerungen überrollt uns förmlich. Das macht uns aus Unsicherheit heraus arrogant oder ängstlich, und lässt uns unsere ewige Seelennatur vergessen. Das Woher, Wohin und Wozu der Dinge und des eigenen Daseins erscheinen uns nicht mehr schlüssig und lassen uns Wesentliches an Sinn und Auftrag verdrängen.

Menschlich-Ethisches aus meiner persönlichen Sicht

Die industrielle Revolution brachte uns - im Vergleich zur ehedem wundersamen Lebensvielfalt - eine erschreckend schnelle Ausdünnung an ethnischen Gruppen und an Artenvielfalt.

89

Wo Wasser, Luft und die fruchtbare Erde derart nachteilige Veränderungen erleiden, da ist das gesamte Leben bedroht. Hinzu kommen neue moralische Probleme; z.B. dass stabile zwischenmenschliche Beziehungen und die zu unserem Schöpfer abnehmen. Der Familienerhalt und die Achtung vor dem Leben verlieren somit an Kraft und Terrain - mit all den schwerwiegenden Folgen.

Da geben mir nur die eucharistische Messfeier-<u>Teilhabe</u> und die monatliche Beichte <u>Rückhalt</u>. Da ist es so, wie wenn ich als kleiner Junge wiedereinmal etwas angestellt habe, was ich loswerden will. Ich bringe alle meine alten, durchgeschwitzten Verkleidungen vor IHM hin und ER duscht meine Blöße und gibt mir ein frisches, reinweißes Unterhemd. Danach habe ich jedesmal wieder eine große Freude und Zuversicht und weiß: Er vergibt uns alles Verirrte und Wirre.

Wenn die Menschen ihr innerliches Reich-Sein entdecken, werden sie weniger äußere Güter brauchen. Sie werden das einfachere Leben schätzen, genügsamer sein und mit weniger Dingen und Waren auskommen. Sie werden dieses "einfache Leben" als Befreiung von Gier und Habsucht empfinden und es in Einfachheit bewahren wollen.

Bedenklich empfinde ich besonders unsere gängigen Eingriffe in die natürlichen Abläufe von Empfängnis und Geburt. Dieserart „Freiheit und Machbarkeit" kann in ihrer Konsequenz ja

nicht unerhebliche psychische Schädigungen herbeiführen. Es scheint mir auch moralisch höchst schwierig; zerstören sie doch (hinzu zum ungeborenen Leben) auch die partnerschaftliche und familiäre Eintracht (z.B. als *PostAbortion-Syndrom* - oder per Leihmutterschaft, gleich in zwei Familien).

Leider ist Abtreibung laut WHO die weltweit häufigste Todesursache!

Jede Krankheit, Unfälle und sogar Kriege rangieren nach ihr!

Erforderlich wäre weiters, unterstützende Maßnahmen zum Mutter- und Lebensschutz zu setzen! Alleinerzieher:innen sollten - als Lastausgleich ihrer Leistungen und Pflichten an ihrem/ihren Kind/ern - Vollzeitlohn bei täglich sechs Arbeitsstunden (bzw. Zeit-reduziert auf drei Stunden im Halbtagsbereich) erhalten; u.v.m.. **Erst mit klaren Rechtsansprüchen zu sozialen Gleichstellungen verliert der harte Kapitalismus den Nährboden und seinen Kraftquell zu all seinen gefährlich-schändlichen Betreibungen.** Dann wandelt sich der Irrtum gefährlichen Wettkampfdenkens in ethische und praktische Leistungen einer Solidargemeinschaft.

Bezüglich heutzutage praktizierter Kindererziehung ortet *Heinz Etter* von der Fachstelle für Vertrauenspädagogik eine häufig allzu freie "Verziehung", in der Form, dass ausschließlich das, was den Kleinen gefällt, schmeckt und gerademal passt, sein soll. Eltern sollen Eltern sein und nicht Kumpels. Sie sollen ihre Kinder selbstbewusst führen anstatt ihnen zu folgen.

Denn zur Zeit erhalten wir nörgelnde und letztlich realitätsfremde Jugendliche. Fehlende Autorität verhindert den natürlichen Wunsch nach gesunder hierarchischer Bindung. Doch wenn wir mit den Worten verständnisvoll sind, das Herz aber voller Anklagen ist, bleiben Kinder und Eltern verzweifelt zurück. Spielen Eltern nicht diese wichtige Rolle, dann *müssen* die Kinder beginnen *uns* zu diktieren, und sagen letztlich *uns* wo es langgehen soll.

Alle Kulturen die Gott missachteten, erfuhren nach wenigen Generationen ihre gravierenden Schwachstellen. Einfach weil in ihren Familien und ihrem Gemeinwesen die gute, von Ihm gesegnete Atmosphäre abnahm, und durch deren Lossagung von Ihm erkalteten und geistlich tot wurden.

Heute sind es vor allem in die Irre führende spirituelle Vorstellungen, die allgegenwärtige Propagierung der Werte einer ICH-lastigen Gesellschaft und deren übertriebener Fortschrittsglaube, welche die Menschen von Gott wegführen.

––––––––––––

Für Wissenschaftsaffine lasse ich den großen Mathematiker des 12. Jhd., *Leonardi Fabionacci* zu Wort kommen:

Mathematische Überraschungen in der Natur

Die "**Goldene Zahl**" hat zig einzigartige Eigenschaften wie sonst keine andere Zahl und so verwundert es auch nicht, dass sie in der Schöpfung eine bedeutende Rolle spielt. Zunächst aber kurz ein paar mathematische Grundlagen: Die Goldene Zahl besitzt unendlich viele Nachkommastellen und wird mit dem griechischen Buchstaben Φ (Phi) bezeichnet. Phi ist die Zahl des Goldenen Winkels Psi Den Vollkreis von 360° nach dem Verhältnis des Goldenen Schnittes geteilt, ergibt den sogenannten Goldenen Winkel Ψ (Psi) von 137,5°.

Blüten

Die Anzahl der Blütenblätter bei den meisten Pflanzen ist eine Fibonacci-Zahl (3, 5 oder 8). In der Schöpfung finden wir aber auch sehr viele Blüten, die nach dem Muster des regelmäßigen Fünfecks konstruiert sind. Das heißt also, in allen Blüten kommt der Goldene Schnitt vor mit dieser einmaligen Zahl Φ und zwar sehr exakt.

Woher weiß das aber die Pflanze? All diese Information ist im Erbgut, also in den DNA-Molekülen gespeichert.

In diesem mikroskopisch kleinen Material liegt in der höchsten uns bekannten Speicherdichte die ganze Geometrie der Blüte enthalten.

Die Goldene Spirale

Es ist auffällig, dass die Goldene Spirale in der Schöpfung sehr häufig vorkommt. So hat das schneckenförmige Kalkgehäuse des Nautilus annähernd die Steigung der Goldenen Spirale. Hinzu kommt noch, dass diese Spirale räumlich ist. Überall findet sich diese Goldene Spirale wieder: Beispielsweise bei Schnecken, bei Farnen, beim menschlichen Ohr, in Hurrikans und sogar in Galaxien.

Die Sonnenblume

Die Verteilung der Kerne im Korb der Sonnenblume ist nicht etwa zufällig, sondern mathematisch exakt versetzt um je 137,5°. Wie oben gelesen, ist dies genau die Gradzahl des Goldenen Winkels, der auch wieder auf die schöne Zahl des Goldenen Schnittes (1,618033...) zurückgeht. Nur 1° Abweichung vom Winkel von 137,5° wäre eine Katastrophe für Sonnenblumen. So ist in absolut jedem Sonnenblumenkern der Goldene Schnitt einprogrammiert.

Dieses Prinzip gilt auch bei Tannenzapfen, beim Romanesco, in den Bienenwaben. Schlussfolgernd erkennt man, alles ist bis auf das Feinste konstruiert, es ist nichts zufällig. Es gibt nichts, das irgendwie mal gerade so geworden ist, vielmehr ist alles mathematisch präzise geplant.

So gesehen benötigt ein Atheist bei all den Wundern in der Schöpfung einen deutlich größeren Glauben an das Prinzip Zufall, als jemand der an intelligente Planung glaubt.

———————

Die Eingangs gestellte Frage: *Ist eine enkelgerechte Zukunft noch erwartbar?*

... kann, unter der Prämisse der Weiterreichung religiöser Werte und Inhalte an unsere Kinder

und Kindeskinder, mit einem klaren **Ja** beantwortet werden.

Diese Haltung setzt der heutigen Angst und Verwirrung eine ganz besondere Gewissheit - nämlich die Fähigkeit, zuerst auf Gott zu vertrauen - entgegen. Leider scheint dies *noch* vielen eine Torheit zu sein. Dennoch, diese Ära lässt sich - in der Wiederkunft unseres Herrn - als eine überaus positive, völlig neue Ära, ohne Leid, Streit und Tod, erwarten.   :-)

= = = = = = = =

INTERNET & HANDY

In der natürlichen Fauna gibt es keine genial, kunstvoll gewebten Netze, welche nicht von jeweils einer speziellen Art von Spinnen bewohnt wird. Die Netze dienen rein dem einen Zweck, die sich in ihnen verstrickten Opfertiere, ob tot oder lebendig, auszusaugen.

So ähnlich ist es auch im hochgelobten und allseits beliebten Internet. Nur allzu leicht verstricken wir uns in dieses Netzwerk, das zugleich ja auch ein zweckdienliches Hilfsmittel sein kann. Doch schweifen wir zu leicht und oft ab vom dienlich Nützlichen, so werden die Bediener in vielerlei kleine, und zuweilen harte Süchte verwickelt. Die Leidenschaft zu lockerer Spielsucht, Einkaufswut, Darknet oder Pornokonsum hat leider schon sehr viele um das Glück einfacher Lebensfreude gebracht!

Die nutznießenden "Spinnen" im *world-wide-web* sind ein Heer kleiner und größerer, seelenlos kapitaler Interessen. Und die vielen, langzeitig unbedachten Surfer im modernen, algorithmisch informierten Web beflügeln diesen www-Oktopus, uns Daten zu unseren persönlichen Neigungen zuzuspielen. Dies bewirkt offensichtlich nicht nur mehr monetäre Gewinne, sondern führt bereits in breiten Bevölkerungsschichten zu deren seelisch geschwächten und manipulierbaren Gesamtbefindlichkeit!

94

Unzweifelhaft wurde www auch ein zusätzlicher Beschleuniger zu unserer ohnehin hektischen Lebensweise. Hinzu hat es wohl etwa 1/3 der von Menschen bedienten Arbeitsplätzen unwiderruflich vernichtet, ausradiert - und hat zu einer nicht unwesentlichen Erhöhung unseres ohnehin zu großen Energieverbrauchs geführt! Mit der aufkommenden KI wird dies alles wohl noch weit schlimmer kommen.

Mit den Handys ist es ähnlich : sie sind die überall hin mitnehmbaren »Einsam-Macher« und wahre Kommunikationsblocker - man sehe nur, wie versenkt ihre Benützer darin Dinge suchen, die es eigentlich nur im nüchternen, wahren und wahrhaftig schönen Leben zu erleben gibt.

Was spricht heute für einen gelebten Glaubensvollzug in heimischen Glaubensgemeinschaften?

° ihr Ritus vermittelt mir im Alltag Erinnerung, Beziehung und Vertrauen zum Spender allen Lebens

° ihre Haltung zu Leben, Familie und Schöpfungsbewahrung empfinde ich als stimmig

° im Geschenk des Abendmahls erfahre ich Reinheit, Halt und seine treue Bindung

° ihre Liturgie und ihr Lobgesang vermitteln Andacht, Wahrheit, Schönheit

° Kirche geht zurück auf ihren Gründer Jesus und seines Vaters Auftrag

° ihre Gemeinschaft schafft gute Werke und weltweite Förderungen

° ihr Himmel ist allen guten Willens offen und verwirft niemanden

° sie spendet Ruhe, Weite und Perspektive für unser Dasein

° sie ist aus Wort und Geist - trotz mancher Schwächen!

° ihr vertraue ich meine Fehler und Schwächen an ...

° von ihr kann ich letzte Ölung erhalten ...

° sie vereint uns jetzt, und im Zuletzt.

   »Zwischen Mensch und Himmel liegt die Zeit – doch in jeder Gebetszeit vereinen sie sich«.

FASZINATION KIRCHE

Der russische Literaturnobelpreisträger *Alexander Solschenizyn* sagte einmal: "Die Menschen haben Gott vergessen, und das ist der Grund für die Probleme der Gegenwart. Wir werden keine Lösungen finden ohne die Umkehr des Menschen zum Schöpfer aller Dinge."

Mit mir fühlen sehr wohl viele, dass die Zeit der mystisch umschriebenen *Apokalypse* bereits anzubrechen scheint. Gott versichert uns: "Ich mache alles neu". Von daher sollen und dürfen wir Ausdauer und Geduld mit aller Welt und auch mit uns selbst aufbringen.

Noch streben viele nach materiell Höherem und stecken in einer Art Konsumverliebtheit. Doch jene, die guten Willens sind, haben mit ihrem Glauben schon hier und jetzt die lebendigen Vorfreuden, durch welche sie über das Gewöhnliche und Sterbliche hinaus, wie getragen sind.

Mit unserem Altwerden fühlen die meisten ein diffuses, mulmiges Alleinsein. So schwer Abscheiden sein mag; wird jedoch das »All-eins-Sein« von einem richtigen Annehmen begleitet, macht es uns für das nahende Ende bereit, uns aufs verheißungsvolle *Danach* vertrauend auszurichten.

Aus meiner eigenen Erfahrung lehrt uns Not beten - und auch durch ein rechtes Gewissen lässt sich das alte Handeln in gute Taten umkehren. Dann kam EINER! Sein Name lautet <u>Jesus</u>, das heißt Retter. Er lehrte uns und lehrt uns auch heute - wir brauchen einander, und wir brauchen die Loslösung vom allzu persönlichen, einengenden ICH und die Befreiung von kollektiver und eigener <u>Schuldansammlung</u>. Beide Befreiungen kann uns Christus gewähren. ER bewirkte sie ...

»durch seine unter unsäglichen Schmerzen für uns erwirkte Liebestat am Kreuz«.

Dadurch will und wird uns Gott, unser aller Vater "einen neuen Himmel und eine neue Erde bereiten". Sein Wissen, Sein Plan und Seine gnadenspendenden Zusagen sind für uns Gläubige zentral und entscheidend!

Altwerden, wie auch früh sterben ist allgemein doch mehr etwas für Mutige, oder dasjenige, was einem Jesus vertrauensvoll zugewandtem Menschen leichter ankommt.

Jesus sagt uns z.B.: "Wer unter euch ohne Sünde ist, werfe den ersten Stein auf sie". Ganz ohne Schuldzuweisung und im Vollrespekt zu anderen Kulturen und Religionen - wir sind auf ein

Wir und das Miteinander gestellt und angewiesen! Wir kommen da nur gemeinsam durch - und sollen und dürfen auch gemeinsam beten - um das einende Licht am Ende des Tunnel.

Pater *Riccardo Lombardi* (1908-1976) pointiert in <u>Kirche und Reich Gottes</u>: „Die Vereinigung mit Gott geschieht durch Glaube, Hoffnung und Liebe. Eines Tages werden Glaube und Hoffnung aufhören. Ewig bleiben wird die Liebe." ... und

„Bildlich gesprochen, stöhnt und wehrt sich jetzt der Stahl dagegen, zum Töten von Menschen in Kanonen verwandelt zu werden. Er möchte lieber Pflug und Schiff werden.

Die Ätherwellen zittern vor Scham, wenn sie die Schweinereien und Lügen des Fernsehens weitertragen müssen.

Das Getreide versinkt fluchend, wenn es ins Meer geworfen wird, um die Preise hoch zu halten und einen zu bereichern, der einmal in Frieden sterben würde, wenn er Hungernde ernährt hätte." ... „Der Grund besteht darin, dass sie den Launen des gefallenen Menschen unterworfen ist, während sie geschaffen wurde, um in der Ordnung Frieden zu haben." Er anerkennt auch:

„Im laufe der kirchlichen Geschichte gab es Päpste, die wie Könige, Bischöfe, die wie Fürsten herrschten - Äbte und Äbtissinen, die über große Gebiete und Reichtümer verfügten - Priester die ein ganzes Land regierten - Kurien, die Regierungs-, einige sogar reine Verwaltungsbehörden waren. Selbst die Guten unter denen, die solche Posten bekleideten, standen in der ungeheuren Versuchung, sich mehr als Vorgesetzte denn als Priester zu fühlen."

Und doch zeigen diese Zeiten der vormals groben geistigen »Ackerbestellung« nun bereits zarte Pflanzen und sogar erste reife Früchte aus deren Samenlegungen. Die Menschheit und mit ihr die Natur wurde vorbereitet, wartet und erhofft generelle Erlösung aus der sündhaft-gefallenen Zerrissenheit. Das Reich Gottes wird vorstellbarer, wir haben den Weg der Nächstenliebe zu gehen begonnen und kommen durch ihm, in ihm und mit ihm - unserem ABBA - näher und näher.

<u>Die heutige Kirche</u> steht allerdings in der Gefahr, sich in ihrer Ambivalenz zwischen Reichtums- und Armutsverbundenheit zu einer Art „Wohlfühlskonditorei" herabzuwürdigen. Und *Paulus* sagte auf seine Art: »Bis zur Stunde seufzt die gesamte Schöpfung und liegt in Wehen« Römer 8,22.

Bezüglich der vielen Konfessionen denke ich an das Jesuswort in *Markus 9,40*: "Wer nicht gegenuns ist, ist für uns". Und bezüglich manch kirchlicher Missstände - haben nicht alle Großstrukturen typische Machtprobleme? Sind nicht auch UNO, NATO, EU, Staaten und auch Familien von unter Umständen schrägem Umgang mit Macht betroffen? Kirche war immerzu zwischen "heilig und unheilig", dennoch gestiftet zu unserer Bekehrung, und offen für Sünder.

Papst Franziskus fordert uns - als höchst an der Zeit - auf, "zu einer universellen Anerkennung aller Religionen zu kommen". Nicht zuletzt, um Friedensstiftungen in dieser friedlosen, unruhigen Welt zu fördern.

»Denn, die Liebe währt ewig, und sie kommt - im Glauben und der Hoffnung auf den himmlischen Beistand - zur rechten Zeit«.

Auch wenn Himmel, Hölle und Fegefeuer weder Orte noch zeitliche Begriffe abbilden würden* - eine innerseelische Realität stellen sie allemal dar. Mit einfachem Vertrauen und täglich neuem Versuch zur Nachfolge wurde auch mein Joch leicht. Und wenn der kalte, angst-machende Hauch des Todes meine Lebenstage einzeln - wie die Seiten eines Buches - zurück-blättern wird, muss ich nicht ganz allein und einsam meiner Sündensumme Rechnung tragen. Jesu Liebe hat für alle Schuld bereits bezahlt und ruft "komm"... seine Ewigkeit umfasst und übersteigt mein Zeitliches und meine jetzige räumliche Gebundenheit.

Am Anfang der Welt herrschte nicht Chaos, sondern das Schöpfungswort Gottes, geprägt von Sinn, Vernunft und Ordnungswillen. Denn, was ließ den Urknall knallen? Was Raum&Zeit und die Elemente entstehen? Auf unsere Sterblichkeit und unsere Herkunft gibt all die kluge und erfolgreich exakte Wissenschaft ja kaum sinnvolle und Ruhe vermittelnde Antworten.

In (einem seiner über 60 Büchlein) »Wunder der Schöpfung« schrieb *Dr. Herbert Madinger*: „Die materialistische Auffassung von der „Entwichlung des Lebens" hat furchtbare Folgen für die Menschen gehabt: Wenn alle Arten von Lebewesen nur durch „Zufall" und „planlos" und „sinnlos" entstanden sind, dann wäre ja auch Dein und mein Leben Sinn-los und Plan-los und blinder, hässliche Zufall! Wer sollte bei solchen Auffassungen noch Sinn, Wahrheit, und Höheres in seinem Leben suchen? Wie arm hat man die Menschen gemacht! Und wie armselig ist die Erziehung unserer Kinder in der Schule geworden, wenn man ihnen solche Auffassungen beibringt! Dann bleibt wirklich nur noch der rücksichtslose Ellenbogenkampf um den Futtertrog, damit die „Stärksten" siegen. Diese Auffassung ist der direkt Weg zur brutalen Atombombe und zur rücksichtslosen Ausbeutung der Erde und Völker."

So betet er: „Gott, manchmal ist meine Seele zubetoniert wie die Straßen unserer Stadt, hart, staubig, laut und tot. Dann finde ich nicht mehr zu Dir. - Gott, ich will Dich!

Aber mir geht es wie den Vielen: Sie haben Dich zuerst geleugnet und dann verloren! Die vielen Autos fahren über unsere Seelen, die grellen Angebote reißen uns hin und her, in den Menschenmassen ertrinken wir. - Gott wo kann ich Dich noch finden?

„Kind, bin ich nicht immer bei dir? Warum suchst du Mich draußen, da ich doch in dir wohne?"

Ja, Herr, ich weiß, dass Du da bist. Du bist das Heiligtum am Grunde meiner Seele. Aber eins weiß ich nicht: Wie finde ich den Zugan zu diesem Heiligtum?

„Kind, wenn du Mich suchst, wirst du Mich finden. Denn nicht du kommst zu Mir, sondern ich komme zu dir. Hab keine Angst, denn Ich bleibe in dir!"

Mehr dieser Art findet sich in: https://www.kgi-wien-bestellung.at

   * Wäre uns nur diese Leben-tragende Erde gegeben, so wäre uns auch nur das Erbe an deren ständigen Verwesung von Abgestorbenem verbleibend. Dieserart Armut wäre in ihrer Unvollkommenheit eine Empörung und Unrecht; nur zu 100 % überzeugte Atheisten meinen mit solcher Art eines rein zufällig entstandenem Schicksaals allen Lebens ausreichend Existieren zu können.

Ohne Willen, Information, vollkommene Weisheit, höchste Liebe, Gottes Allmacht bzw. absolute Wahrheit kann diese planvolle Lebensentfaltung niemals den langen Weg in die vollprächtige Erscheinung angetreten haben! Daher, aus nix wird nix – Leben kommt vom »Lebendigen«. Davon sollten wir uns doch nicht abkoppeln wollen!

Die Welt ist Gottes Eigentum, doch wir tun so, als gehöre alles uns selber. So tun wir uns jedoch schwer, das Leben an sich wertzuschätzen und uns entsprechend einzuordnen. Im modernen Westen ist das religiöse Basiswissen leider seit Generationen wie weggeschmolzen. Die Folgen davon zeigen sich im so noch nie dagewesenen Problemgemenge.

In CHRIST IN DER ZEIT meint *Johannes Röser* in seinem Buch: Auf der Spur des unbekannten Gottes - "Es scheint, es wäre besser wenn der Homo sapiens nie ins Dasein getreten wäre. Er produziert ja maßlosen Ressourcenverbrauch, Luftverschmutzung, Artensterben, Plastikmüll etc.. Welch ein Kontrast dazu die Lebenslust des Menschen! Trotz allen Übels, richtet er sich immer wieder auf an der Freude, dass überhaupt etwas ist und nicht vielmehr nichts. Dass wir in der sexuellen Liebespolarität von Mann und Frau fruchtbar sind, um Leben zu zeugen und die Freude an Nachkommen weitergeben. Die apokalyptischen Anwandlungen des Anthropozän können die weltliche Schöpfungslust nicht auslöschen; ist sie doch auch mit den ersten Seiten der Bibel - Gottes evolutiver Schöpferlust – verbunden." ...

„DU hast ihn nur wenig geringer gemacht als Gott, hast ihn mit Herrlichkeit und Ehre gekrönt." Und weiter: "Kein anderes Wesen ist derart geistbegabt wie der Mensch. Seine rationale wie emotionale Intelligenz - seine Entwicklungsfähigkeit hat die Menschheit mit Erfindungsreichtum inspiriert, um das Leben zu verbessern, Unheil in Heil zu wandeln, bis zur Forschung an den Grenzen des Denk- und Verstehbaren - ist erstaunlich. Der Reichtum an Kunst, Literatur, Musik, Architektur, Philosophie, ermöglicht auch eine fortschreitende Gotteserkenntnis".

»Denn so hat Gott die Welt geliebt, dass er seinen eingeborenen Sohn gab, damit alle die an ihn glauben, nicht verloren werden, sondern das ewige Leben haben.« *Johannes 3:16*

Papst Franziskus warnt 2015 in seiner Enzyklika Laudato si´ :

"Der Export einiger Rohstoffe, um die Märkte im industrialisierten Norden zu befriedigen, hat örtliche Schäden verursacht, wie die Quecksilbervergiftung in den Goldminen oder die Vergiftung mit Schwefeldioxid im Bergbau zur Kupfergewinnung. Besonders muss man der Tatsache Rechnung tragen, dass der Umweltbereich des gesamten Planeten zur "Entsorgung" gasförmiger Abfälle gebraucht wird, die sich im Laufe von zwei Jahrhunderten angesammelt und eine Situation geschaffen haben, die nunmehr alle Länder der Welt in Mitleidenschaft ziehen ... Die Erwärmung, die durch den enormen Konsum einiger reicher Länder verursacht wird, hat besonders in den ärmsten Zonen der Erde verheerende Folgen, wo der Temperaturanstieg vereint mit der Dürre die Ackerbauerträge ausfallen lässt ... Wir stellen fest, dass es häufig multinationale Unternehmungen sind, die dort so handeln und tun, was ihnen in den entwickelten Ländern bzw. in der sogenannten Ersten Welt nicht erlaubt ist ..." „Im Allgemeinen bleiben bei der Einstellung ihrer Aktivitäten und ihrem Rückzug große Schäden und Schulden gegenüber Mensch und Umwelt zurück wie Arbeitslosigkeit, Dörfer ohne Leben, Erschöpfung einiger natürlicher Reserven, Entwaldung, Verarmung der örtlichen Landwirtschaft und Viehzucht, Krater, verseuchte Flüsse und einige wenige soziale Werke, die nicht mehr unterhalten werden können ..."

„Die Auslandsverschuldung der armen Länder ist zu einem Kontrollinstrument geworden. Das

Gleiche gilt aber nicht für unsere hinterlassene ökologische Schuld" ... und; "Das technokratische Paradigma tendiert auch dazu, die Wirtschaft und die Politik zu beherrschen. Die Wirtschaft nimmt jede technologische Entwicklung in Hinblick auf den Ertrag an, ohne auf mögliche negative Auswirkungen auf den Menschen zu achten. Die Finanzen ersticken die

Realwirtschaft..." und „Man meint, die Probleme des Hungers und das Elend in der Welt lösen sich samt allen Um-weltproblemen mit dem Wachstum des Marktes auf. Der Markt von sich aus gewährleistet aber nicht die ganzheitliche Entwicklung des Menschen und die soziale Inklusion. ..."

„Es ist jedoch möglich, den Blick wieder zu weiten. Die menschliche Freiheit ist in der Lage, die Technik zu beschränken, sie zu lenken und in den Dienst einer anderen Art des Fortschritts zu stellen, der gesünder, menschlicher, sozialer und ganzheitlicher ist, als der unter dem technokratischen Paradigma. ...."

„Niemand verlangt, in die Zeit der Höhlenmenschen zurückzukehren, es ist aber unerlässlich, einen kleineren Gang einzulegen, um die Wirklichkeit auf andere Weise zu betrachten, die positiven und nachhaltigen Fortschritte zu sammeln und zugleich die Werte und die großen Ziele wiederzugewinnen, die hemmungslos vernichtet wurden" ... so der Papst.

Früher garantierte Wachstum unseren Wohlstand. Heute steht Wachstum auch für Umwelt-zerstörung, Armut und Ausbeutung. Wie können wir die Schöpfung erhalten und ihre Früchte gerechter verteilen?

Siehe: https://de.wikipedia.org/wiki/Allgemeine_Erklärung_der_Menschenpflichten

K r i s e n   ü b e r w i n d e n

Um Krisen zu überwinden braucht es zur konkreten Wahrnehmung hinzu, sie anzuerkennen und auszuhalten. Erst danach können sich uns neue, richtungsweisende Einsichten zu trag-möglichen und auch realistischen Lösungen hin eröffnen.

Bei äußeren Krisen wie z.B. Krieg, Klimawandel, Erdbeben oder Pandemie hilft oftmals, Sein mildes, eingreifendes Walten bei unserem gnädigen Herrgott zu erflehen. Jedoch sind bloßes Nichtstun, Fluchen oder Verzweifeln gar keine guten Optionen! Doch die auf Glauben begründete Hoffnung (Gottes Zusagen an uns) reicht uns hier seine starke Hand.

Als "enkelgerecht" ersehe ich heute vor allem: »*unsere Kinder nicht um Gott betrügen*«! Sie fordern uns - gerade im Bezug zu Glauben, Leiden, Religion, und zur Frage »was ist der Tod und was bleibt« sehr wohl heraus. Falls wir dazu unsere eigenes Gottesbild nur unklar und nebulös gehalten haben, sollten wir uns diesen nicht nur unseren Kindern wichtigen Fragen endlich auch selber stellen. Daher sollten wir bezüglich Kinder, Familie und zum persönlichen Wohlergehen, Gott zukünftig nicht länger wegdenken und uns somit absondern.

Hierzu 4 kleine Wörtchen - 4 innere Haltungen - welche in Gemeinschaft, Ehe, Arbeit (und besonders auch hinzu in unserer Beziehung zu Gott) *allemal* dienlich sind:

DANKE - BITTE - VERZEIH MIR und ICH LIEBE DICH.

So gefällt uns z.B. die Fiktion, dass ein Flügelschlag eines Schmetterlings anderswo einen Orkan auslöst. Oder, dass man sich nach einem Traum, ein Schmetterling zu sein, beim Erwachen fragt, ob ich nicht ein Schmetterling sei, der träumte ein Mensch zu sein.

Derlei Annahmen lassen sich bei näherer Analyse jedoch leicht durchschauen. Im Rückschluss wären alle Orkane von flügelschlagenden Schmetterlingen ausgelöst. Auch würde der Schmetterling beim Erwachen aus parallelem Traum erleichtert feststellen, dass er keine Mensch ist.

So lenkt auch die Frage "was war vorher, die Henne oder das Ei?" ab, von der natürlichen und nüchtern stimmigen Antwort > „der Same des Hahnes!"
Die Summe der vielen halb-wahren und unreflektierten Annahmen bewirkt, dass wir umso leichter die reale Existenz eines Schöpfergottes negieren. Alleine schon deshalb, weil wir diesen ja nicht sehen können - und wohl auch weil wir meinen, ohne Gott freier und leichter nach eigener Fasson zu leben.

Hierin liegt aber zugleich die Wurzel aller Esoterik, fragwürdiger Ideen und manch übernommener "Wissenschaftserkenntnis", welche wir aus Unsicherheit und Angst heraus annehmen,

stützen und aufrechterhalten. Solcher Art Konzepte können innerlich zwar nicht wirklich voll angenommen werden, jedoch bilden sie in Summe ihre Klebrigkeit, die uns wegen unreflektiertem Handeln, Denken und Fühlen behindern, und so in einer tragischen Unfreiheit und hoch wirksamen, intensiven Unwissenheit belassen.

Dies heißt nun nicht, dass die wohl-gesicherten naturwissenschaftlichen Erkenntnisse über Urknall, Kosmos, Elementarreihe, Mikroevolution, Zellbiologie etc. zur Gänze falsch lägen. Dennoch fehlt bei all diesen Thesen - welche ja immer auf reiner Ratio zu basieren haben - die ursächlichste Voraussetzung als <u>eine</u> Information, <u>eine</u> Inspiration aus Seinem Willen !

Zur Wende unseres Millenniums hatte ein reichlich ausgebrannter Althippie den absoluten Tiefpunkt seines verlotterten Lebens erreicht. Im Zeitgeist der 68er und in Esoterik verstrickt, knechtete ihn eine bereits sieben Jahre anhaltende Depression. Als der bereits 56-jährige im schmuddeligen Bett seiner abgewohnten Grazer Bleibe das Buch »Die Hütte - Ein Wochenende mit Gott« von *William Paul Young* las, hat ihn das Thema und der dramatischen Inhalt des Buchs tief berührt. Er schrie flehentlich nach dem Gott seiner noch unschuldigen Kindheits- tage, bis er erschöpft in einer sonderbaren Traumwelt versank. Am nächsten Tag - es war ein Sonntag - hatte er gleich nach der Dusche das Bedürfnis diesen Tag zu feiern, und so ging er - nach Gott-fernen Jahrzehnten - in einen Gottesdienst ...

Seither blieb er bei diesen sonntäglichen Messfeierbesuchen, da er verspürte, dass sie ihm gut taten. Er beschloss, seine Blickrichtung fest dem sonnengleichen Licht seines Herrn und Retters zuzuwenden. Damit versanken nach und nach selbst die dunkelsten Schatten seiner Vergangenheit in das tiefe Meer ihrer Unwirksamkeit, und so ging es bergauf mit ihm. Jahre danach lernte er durch ein christliches Partnerschaftsportal seine zukünftige Frau kennen. Sie trafen sich damals, 2011, in einem rumänischen Waisenheim, wo er als Ferialpraktikant aushalf. Zusammen beteten sie täglich, und übers Jahr stand er mit ihr am Traualtar ...

Schon 2002 begann er, jeweils nächtliche, buchstäblich erträumte technische Erfindungen aufzuschreiben. Dazu kaufte er sich sogar seinen ersten Laptop und begann mit holpriger Homepage den Versuch, diese technisch fossilstofffreien Ansätze an Firmen heranzutragen. Denn schon im Millenium entstand das Konzept einer solarbetriebenen, dual-pneumatischen Großrohrpost für Personen und Güter, ähnlich dem Maglev-System „Hyperloop", welches der renommierte *Elon Musk* ab 2012 zu propagieren begann ...

Als Autor - und zugleich eingangsbeschriebener Protagonist - trieben mich zeitlebens die Fragen nach Sinn und Auftrag unseres irdischen Lebens um. Die gefundenen Lösungen erstaunen mich heute selber; ich fand heraus, welche technischen-, geistigen und besonders geistlichen Lösungen eine Enkelgerechte Gesellschaft brauchen - und auch - welche Gegen- spieler diese Ansätze bisher verhindern konnten ...

Offen bleibt bis heute, ob Firmen den eine oder andere Produktvorschlag auf den Markt bringen. Werden unsere Enkel schon Gebrauch davon haben? Meine technischen Ansätze (aus Teil 2.0) wollen anregen und könnten Zuversicht geben, in Zeiten wo eine No-Future-Ein- stellung berechtigt erscheint. Ich will hier aber auch aufzeigen, wo unsere Chancen liegen; mit Hinweisen konkret dass Anbieten, was unseren Hoffnungen den rechten innerseelischen Halt schenken kann.

Um uns aus einer angeboren tiefsitzenden Einsamkeit herauszuführen, sind seit Alters her Ritus, Wort, Sakramente, Priesteramt und kirchliche Gemeinschaften - wie auch der familiäre Zusammenhalt - hilfreich. Für Christen ist ihre bereits 2000 Jahre bestehende Vermittlung zu religiöser Innerlichkeit - in und durch Jesus - gestiftet. Er sprach: "Wenn ich von der Erde erhöht sein werde, werde ich alle an mich ziehen". *Joh. 12,32.*

Besonders anziehend wie auch stimmig empfinde ich im „Katholischen" dass Jesu Mutter »Maria« und sein Ziehvater »Josef« - wie auch die »heiligen Märtyrer« ihre entsprechende Verehrung genießen. Jesu Mutter *Maria* <u>vermittelt</u> uns die reine Liebe Gottes - Seinen heiligen Geist. Und so ist sie ja doch auch unsere Mutter und Bewahrerin unseres Glaubens.

Christus bereitete uns also vor, und wurde uns Weg, Ziel, Wahrheit und Licht – bis hin zur Innerlichkeit reinen Verweilens im Schoß Gottes - unserem liebevollen Schöpfer und Urvater.
Als <u>Mitteleuropäer</u> denke bzw. erlebe ich unseren Schöpfer als drei/eine Person in kreativer Liebe, Freiheit, Wahrheit und Schönheit. ER umfasst das Größte und wohnt noch im Kleinsten. ER spendet Leben, ist treu und steht fest. Über allem ist ER, und ist doch ganz bei jedem von uns. ER wohnt im Licht und bleibt uns unbegreiflich - doch ER hört uns und gibt Antwort. ER will, dass wir in innigste Beziehung zu IHM kommen.

Alles Ableitbare lässt sich auf die ursächlichste Ursache - auf den lebendigen Schöpfer hin - suchen, finden und beantworten. ER begründete und erhält alles. Ja, ER begleitet und erträgt auch der Menschheit Geschichte und jedwedes Einzelschicksal. Und so dürfen wir Gott mit DU und ABBA anrufen, und IHM, dem nahezu mütterlichen Lebensspender Danksagen, für einfach alles in unserem Leben.

–––––– ––––––

Der renommierte Begründer der Hagiotherapie, *Tomislav Ivancic*, fragt: **Weiß das Kind im Mutterleib, dass es eine Mutter hat?** Er bietet dazu im folgenden Ansatz einen anschau lichen Vergleich: "Das menschliche Leben gleicht dem Lauf eines Flusses. Im Augenblick der Zeugung entspringt der Mensch wie aus einer unsichtbaren Quelle, wächst neun Monate lang heran, um durch einen Engpass wie ein Fluss zwischen Felswänden in die Welt zu strömen.

Aber dann wächst er wieder, als flösse er von Jahr zu Jahr auf dieser Erde weiter, um schließlich durch den Engpass des Todes in den Ozean der Ewigkeit zu münden. Mit anderen Worten, der Mensch durchlebt verschiedene Welten, während er ins Finale des Lebens eintritt.

Zuerst lebt er in der Welt des Leibes seiner Mutter. Dort wächst er vom kleinen, winzigen Embryo zum ausgewachsenen Säugling von neun Monaten. Danach verlässt er die Welt des Mutterleibes, stirbt ab für jene Welt und wird in die Welt des "irdischen Leibes" geboren.

Wenn er für die Welt des Mutterleibes zu alt wird, kann er dort nicht mehr leben und muss hinaus, als wenn er sterben müsste. Aber in jenem Augenblick beginnt er unter uns zu leben, winzig und klein, ohne eigenes Bewusstsein.

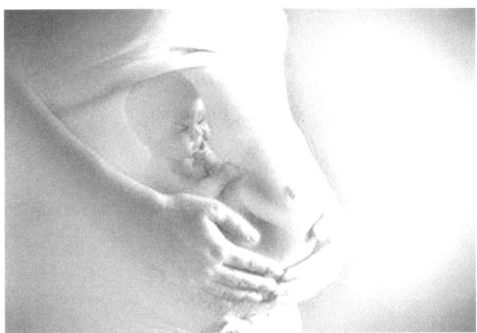

Dann wächst er und beginnt zu laufen, beendet die Schule, wächst zu einem jungen Menschen heran, zu einem erwachsenen Menschen, und später zu einem alten Mann oder einer alten Frau, um schließlich, wieder reif geworden, aus dem Leib dieser Welt in eine andere, ewige, in die Welt Gottes geboren zu werden.

Mit dem alt-Sein wird das Leben also nicht beendet, sondern man wird reif für ein anderes Leben. So wie ein Kind nach neun Monaten im Mutterleib sein Leben nicht beendet hat, sondern reif wurde, um in einer anderen Welt geboren zu werden.

Es ist interessant, dass das Kind im Mutterleib lebt, die Mutter aber nicht sieht. Es kann sie nicht betasten, weiß nichts über sie und muss sich fragen, was sich eigentlich außerhalb der Hülle des Mutterleibes befindet.

Ähnlich fühlt sich der Mensch, der hier auf Erden lebt, wie in einem merkwürdigen Leib. Er sieht nicht, wer ihn auf die Erde schickt, wessen sympathische und sanfte Hände ihn halten und tragen, was sich außerhalb des Erdenlebens befindet, wo das Ende des Weltalls ist, ob das All überhaupt ein Ende hat und wo sich Gott befindet.

Genauso wie ein Kind sich in der Mutter befindet, sich bewegt, da ist, ohne zu wissen, wo die Mutter ist. Die Menschen sagen, sie wüssten nicht und könnten nicht wissen, ob es Gott gebe. Sie ähneln dem Kind, das sagt, es könne nicht erfahren, ob es seine Mutter gebe. Aber die Mutter ernährt es, kümmert sich um es, ist zärtlich zu ihm.

Und falls sich die Mutter ärgert oder fröhlich ist, fühlt das Kind das im Mutterleib. So ähnlich ist es mit uns im "Leib" dieser Erde. Wir wissen nicht, wo Gott ist, und fragen uns, ob man ihn sehen und hören kann. Doch Gott ist da - wie eine Mutter für ihr Kind und wie das Meer für die Fische da ist, die in ihm schwimmen."

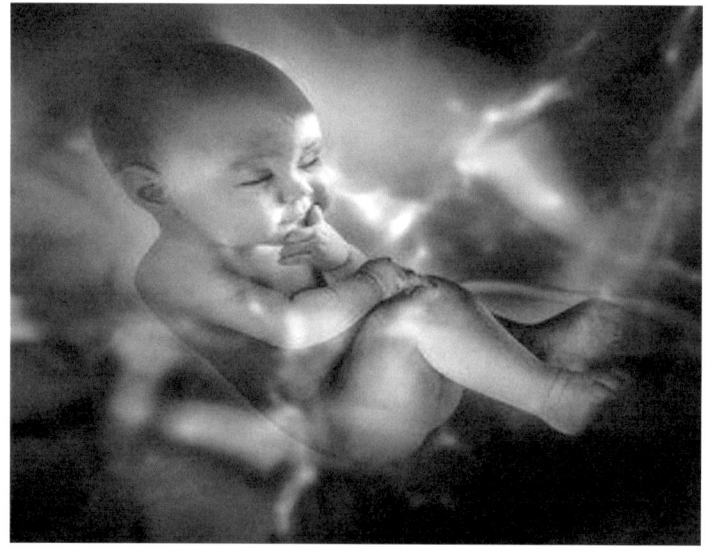

... mehr dazu findet sich in seinem Buch: **Wie Familie und Ehe zu heilen sind**.

In größter Innerlichkeit drückte es der verstorbene Pfarrer *Martin Gutl* mit dem ***Psalm 126*** aus:

»*Wenn Gott uns heimführt aus den Tagen der Wanderschaft,*

... uns heimbringt aus der Dämmerung in sein beglückendes Licht, das wird ein Fest sein! Da wird unser Staunen von neuem beginnen. Wir werden Lieder singen, Lieder, die Welt und Geschichte umfassen. Wir werden singen, tanzen und fröhlich sein: denn Er führt uns heim: aus dem Hasten in den Frieden, aus der Armut in die Fülle ....

Wenn Gott uns heimbringt aus den engen Räumen, das wird ein Fest sein! Und die Zweifler werden bekennen: Wahrhaftig, ihr Gott tut Wunder! Er macht die Nacht zum hellen Tag; Er lässt die Wüste blühen!

Wenn Gott uns heimbringt aus den schlaflosen Nächten, aus dem fruchtlosen Reden, aus den verlorenen Stunden, aus der Jagd nach dem Geld, aus der Angst vor dem Tod, aus Kampf und aus Gier, wenn Gott uns heimbringt, das wird ein Fest sein!
Dann wird er lösen die Finger der Faust, die Fesseln, mit denen wir uns die Freiheit beraubten.
Den Raum unseres Lebens wird er weiten in alle Höhen und Tiefen, in alle Längen und Breiten seines unermesslichen Hauses. Keine Grenze zieht Er uns mehr. Wer liebt, wird ewig lieben!
Wenn Gott uns heimbringt, das wird ein Fest sein.
Wir werden einander umarmen und zärtlich sein. Es werden lachen nach langen Jahren der Armut, die Hunger gelitten. Es werden singen nach langen, unfreien Nächten die von Mächten Gequälten. Es werden tanzen die Gerechten, die auf Erden kämpften und litten für eine bessere Welt!
Wenn Gott uns heimführt, das wird ein Fest sein! Den Verirrten werden die Binden von den Augen genommen. Sie werden sehen. Die Suchenden finden endlich ein Du. Niemand quält sich mehr mit der Frage „Warum". Es werden verstummen, die Gott Vorwürfe machten.

Der Mensch sät in Betrübnis, er leidet und reift! Es bleibt sein Ende ein Anfang! Wer sät in

Betrübnis, wird ernten in Freude.

Denn Gott, unser Gott, ist ein Gott der ewigen Schöpfung. Ein Gott, der mit uns die neue Erde, den neuen Himmel gestaltet.

Die Gerechten, die auf der Erde für eine bessere Welt gekämpft und gelitten haben, werden tanzen! Wenn Gott uns nach Hause führt, wird es ein Fest sein! Die Augenbinden werden von den Augen der Verlorenen entfernt.

Er lässt uns kommen und gehen, lässt uns sterben und auferstehen. Der Sand unserer irdischen Mühsal wird leuchten.

Die Steine, die wir zusammentrugen zum Bau unserer Welt, sie werden wie Kristalle glänzen. Wenn Gott uns heimbringt aus den Tagen der Wanderschaft, das wird ein Fest sein - Ein Fest ohne Ende!"

Sie werden sehen. Die suchenden werden endlich ein Du finden. Niemand wird sich mehr mit der Frage nach dem "Warum" quälen. Diejenigen, die Gott vorwürfe machten, werden verstummen.

Wir werden schauen, ohne jemals zu einem Ende zu kommen. wenn Gott uns nach Hause führt, wird es ein Fest sein!

Wir werden uns freuen wie Schnitter beim Ernten«.

Das Kreuz aber macht vielen Menschen auch bewusst, dass auch das Annehmen
von unvermeidlichem Leid, zum Leben in Erlösung und Heil dazugehört.

>>> **AUSFAHRT** >>> **JESUS**

... sein Blut ist regelrecht übervoll seiner prächtigen Liebe und Lebensfülle.

\+ \+ \+

DIESE ERDE UND DIE HIMMEL — Psalmen & eigene Gebete

WEIHNACHT

Jedes Kind, das noch an das Christuskind glaubt, weiß mehr,
als ein aufgeklärter Skeptiker, der über die allgemeinen
diesbezüglichen Zweifel nicht herauswächst.
Denn mehr, als nur über Jesus zu wissen,
gilt nicht als höheres Wissen.
Glücklich die Eltern, die ihren Kindern Gott nahebringen
und IHN ihrer zarten Seele nicht vorenthalten.

M.Th. Dez. 2021

Auch wenn die Tage der Schamesröte zu den Klima-Protestmärschen
unserer Jugend bereits verblassen, es wird dennoch, ein Tag wie der,
an dem der Prophet „Jona in Ninive" Erfolg hatte, kommen.
Dieser Tag wird gewiss kommen, denn der Herr hat Pläne
des Heils für uns. Dieser Tag nach Gottes Handschrift
wird uns zu aufrichtiger Heilung hinführen
und uns sein unfassliches, allumfassendes Heil spenden

M.Th., Vienna, 22.02.2022

+ + +

WAS ES BRAUCHT

Es brauchen die Liebe, die Liebenden,
und die bedrohten Familien ihr Kettenhemd.
Brot brauchen und Butter die Armen,
und der Langzeitarbeitslose den Kaffee.
Es hat keinen Gewinn der, der täglich reicher wird,
und keine Macht hat der, der allen befiehlt.
Es braucht Erholung, der ausgelaugte Mutterboden,
statt all dem Kriegsgerät bräuchte er Handsicheln.
Es braucht den Baldrian, gegen seinen Hass, der Radikale,
und für esoterische Verwirrung baucht es wohl Honig.
Mütter und Babys brauchen Milch gegen die Furcht,
und sein Fasten bräuchte der ewig Satte.
Es braucht die guten Gaben des Reichen, um noch
als schlankes Kamel durchs Nadelöhr zu schlüpfen.
Auch der betuchte Börsianer hat mal sein Scheitern,
doch einen Schutzmantel braucht der frierende Migrant.
Es braucht den Lebendigen, der da stirbt,
die ganze Menschheit hat seine umfassende Gnade.
Ich Mensch bin Rauch und nutzlos die Prise an Wissen,
das Salz der Weisheit braucht es zum Zielerreichen.;
und in den Herzen gottgleiches Erbarmen.
Dann ziert auch uns Gotteskindschaft – erblühend
zur Hochzeit im Himmel- auf dauerndem Grund.
Noch fehlt der Pfeffer dem suchenden Frommen,
doch verhilft ihm das Wort, klar wie Wasser,
zur Wandlung in ursprüngliche Kraft.

M.Th. 11.10,21 in Wien

Diese Erde und die Himmel

Ich glaube, dass die reale Welt keine Zinsgeldwirtschaft oder Kryptowährung, kein schwarzes Gold, keine Hektik, Lärm und Gestank, keine Sprengköpfe und Gewalt braucht, um in der ihr eigenen Wahrheit zu funktionieren und gute Güter hervorzubringen.
Macht sie Armut, Landflucht und Naturentgleisungen? Diese Erde ist doch freigiebig, hat Platz für alles Leben; sie kennt keine Asphaltbänder und "fahr-lässiges" CO_2! Sie gibt genug aus sich selbst heraus, und sie eilt nicht fort-schreitend dahin. Hat sie nicht umfassende Empathie, Würde, Geduld? Sie gibt doch Daseinsfreude, ist hilfsbereit und treu!
Wie erleben und sehen wir heute die Welt?
Ich denke, die Erde kränkelt, eilt und kämpft nicht fortwährend, und Sterben in ihr bedeutet friedliches Entschlafen.

Unsere technischen Behelfe stellen bloß mittelfristige, geistige Leihgaben dar, um unsere jeweiligen Krisen zu meistern.
Auf die Hochfinanz kann man dabei nicht hoffen - doch auf den himmlischen Beistand vertraue ich fest.
Seine Liebe ist wahr, gut und schön.
Die von Astrophysikern fieberhaft gesuchte mystische dunkle Materie und die fehlende kosmische Energie, werden wohl erst dann entdeckt werden, wenn unsere Ohren, Augen und Herzen gereinigt sind. Dies aber bewältigt der Erlösungsplan unseres Schöpfers. Auch sind die "Wasser des Lebens" nicht als Eiskometen auf die junge Erde gelangt und haben zur gegebenen Menge aller Weltmeere geführt;
Gott selber hat diese Fluten ins Dasein gesprochen!
M.Th. - 08.2020

Oh Du mein Gott - ich bin verwirrt -
Du, der "Du bist da" ...
Mein lärmender Kopf, mein friedloses Herz - schreit an deiner Tür:
Lass mich rein; lass mich dich sehen - verwundert erfühlen ...
denn ich bin taub für deine Stimme.
Lehre mich dein Schweigen, deine reiche Armut, deine Disziplin
und woran du dich erfreust;
sonst bin ich verloren - im Elend eines kalten Nichts.
Ich kann und darf sein, weil alle da sind – alles ist durch göttliche Schöpfung.
Und wir alle, gefangen in der Enge hochschwangeren Alls, streben nach Deinem Frieden -
heraus aus Trübsal und innerem Hunger - jeder ein Flüchtling!

Hinter den drückenden Schmerzen der Neugeburt erwarten wir Dich -
warten auf deine Liebe - Dank sei Dir!
Morgen, ja jetzt und morgen bist du unser König, Hirte und Himmel.
JESUS - führe uns zurück zu Gott.
Ich fand es passend, Jesus nachzufolgen,
Ihm der mich zuerst gesucht, geborgen und geliebt hat;
Sein Wort, Sein Friede gibt Erlösung.
Du ziehst uns zur lebendigen und ewigen Liebe – zur Heimat bei unserem Vater.

Du hast uns seit 2000 Jahren das Wahre, Schöne und Gute geschenkt,
die wie warmer Regen, aus Eurer Liebe das Land befeuchten -
und lässt alles neu erblühen - durch Eure unendliche Barmherzigkeit.
Du - Retter JESUS - heute hast du mich schon geheilt, mir Ruhe und ein neues Herz gegeben -
Halleluja!   *M.Th. - 03.2016*

+ + +

Ein Loblied meinem Gott
Der mich beim Namen rief und mich von der Mühe der Irrwege befreite.
Oh - Du mein gütiger, himmlischer Papa - auf heißen Sand war ich geworfen,
wie ein stummer Fisch. Aber du hast mich in deinen Wassern wiederbelebt.
Jetzt schwimme ich fröhlich und atme Deinen Atem.
Oh – der Du bist wie eine himmlische Mutter - glückselig gebärend;
in eine tiefe Gletscherspalte war ich geworfen - einsam erfroren.
Aber deine warme, fette Brustmilch konnte mich auftauen. Jetzt darf ich mich ausstrecken
und meine Seele erwacht zu neuem Leben.
Wer hat mich geworfen? Dein Anblick hat sein Böses ihm zerstört!

Ich habe gerne gelebt, ja – und bin dann leicht gestorben.
Auf deine Zusage war es für mich nur ein kurzer Weg
durch das dunkle Tal. Nur deine Liebe hat mich gerettet!
Und wiederbelebt – darf ich, will ich Dir danken.
Jetzt freue ich mich Dich zu sehen am Thron deiner Herrlichkeit.
Halleluja! Dein Sieg ist von Anfang an. So ist es ...
Ja, diesem ewigen Gott singe ich meinen Psalter.
Er hat uns seinen eigenen geliebten Sohn gesandt.
Jesus wurde Mensch für unsere Rettung - aus Tod und Finsternis.
Rückkehr und Versöhnung hast Du uns mit Ihm geschenkt -
aus Deiner Gnade und Liebe. So ist es.
M.Th. - Sept. 2000

Jona in Ninive

Das Wort des Herrn erging zum zweiten Mal an Jona: „Begib dich auf deine Reise und geh nach Ninive, dieser großen Stadt, und beauftrage sie mit allem, was ich dir sagen werde".
Jona machte sich auf und ging nach Ninive, wie der Herr ihm geboten hatte.
Ninive war in den Augen Gottes eine große Stadt; Es dauerte drei Tage, um es zu überqueren. es zu durchqueren. Jona begann, die Stadt zu betreten; Er ging einen Tag lang und rief:
"Noch 40 Tage und Ninive wird zerstört!"
Und die Leute von Ninive glaubten Gott. Sie riefen ein Fasten aus, und alle, groß und klein undklein, zogen sich die Gewänder der Reue an. Als die Nachricht den König von Ninive erreichte, stand er von seinem Thron auf,
legte sein königliches Gewand ab, kleidete sich in ein Bußgewand und setzte sich in die Asche.
Er sandte in Ninive eine Proklamation aus: "Befehl des Königs und seiner Großen: Alle Menschen und Tiere, Rinder: "Alle Menschen und Tiere, Rinder, Schafe und Ziegen sollen weder essen noch weiden noch Wasser trinken". Sie werden sich damit bedecken in Gewändern der Buße, Mensch und Tier, sie werden laut zu Gott schreien, und jeder wird umkehren und

sich von seinen bösen Taten und dem Bösen, das an seinen Händen ist, wenden.
Wer weiß, vielleicht wird Gott wieder Buße tun und von seinem wilden Zorn ablassen, damit
wir nicht verloren gehen. Und Gott sah ihr Verhalten; er sah, dass sie Buße taten und sich von
ihren bösen Taten abwandten. Dann bereute Gott das Böse, mit dem er ihnen gedroht hatte,
und führte die Drohung nicht aus. *Jona 3, 1-11*

Ich meine: Ob Gott uns heute 40 Wochen, 40 Tage oder 40 Stunden als Zeitbegrenzung gibt, und
was Sie bereuen müssen, muss jeder „Ninive-Bewohner" entscheiden. Jeder Einwohner von Ninive
muss es in seinem Herzen selbst herausfinden. In meiner Reue durfte ich mich von der intensiven
Dummheit vieler jugendlicher Torheiten befreien. Jesus hat auch für dich gelitten!

M.Th. - März 2018

Psalm 91

Wer im Schutz des Höchsten wohnt, der ruht im Schatten des Allmächtigen.
Ich sage zum HERRN: Du meine Zuflucht und meine Burg, mein Gott, auf den ich vertraue.
Denn er rettet dich aus der Schlinge des Jägers und aus der Pest des Verderbens.

Er beschirmt dich mit seinen Flügeln, / unter seinen Schwingen findest du Zuflucht,
Schild und Schutz ist seine Treue. Du brauchst dich vor dem Schrecken der Nacht nicht zu
fürchten, noch vor dem Pfeil, der am Tag dahinfliegt, nicht vor der Pest, die im Finstern
schleicht, vor der Seuche, die wütet am Mittag.
Fallen auch tausend an deiner Seite, / dir zur rechten zehnmal tausend, so wird es dich nicht
treffen.
Mit deinen Augen wirst du es schauen, wirst sehen, wie den Frevlern vergolten wird.
Ja, du, HERR, bist meine Zuflucht. Den Höchsten hast du zu deinem Schutz gemacht.

Dir begegnet kein Unheil, deinem Zelt naht keine Plage.
Denn er befiehlt seinen Engeln, dich zu behüten auf all deinen Wegen.
Sie tragen dich auf Händen, damit dein Fuß nicht an einen Stein stößt;
du schreitest über Löwen und Nattern, trittst auf junge Löwen und Drachen.

Weil er an mir hängt, will ich ihn retten. Ich will ihn schützen, den er kennt meinen Namen.
Ruft er zu mir, gebe ich ihm Antwort. / In der Bedrängnis bin ich bei ihm, ich reiße ihn heraus
und bringe ihn zu Ehren. Ich sättige ihn mit langem Leben, mein Heil lasse ich ihn schauen.

Ehre sei dem Vater, dem Sohn und dem heiligen Geist, wie im Anfang,
so auch jetzt und alle Zeit, und in Ewigkeit. Amen.

~~~~~~~~~~~~~~~~~~~~~~

Herr, Du hast mich in meinem Innersten geschaffen,
im Leib meiner Mutter hast du mich gebildet. Herr,
ich danke dir dafür, dass du mich so wunderbar und einzigartig gemacht hast!
Großartig ist alles, was du geschaffen hast – das erkenne ich!
Schon als ich im Verborgenen Gestalt annahm, unsichtbar noch, kunstvoll gebildet
im Leib meiner Mutter, da war ich dir dennoch nicht verborgen.
Als ich gerade erst entstand, hast du mich schon gesehen. Alle Tage meines Lebens hast du in
dein Buch geschrieben – noch bevor einer von ihnen begann!
Wie überwältigend sind deine Gedanken für mich, o Gott, es sind so unfassbar viele!
Sie sind zahlreicher als der Sand am Meer; wollte ich sie alle zählen,
ich käme nie zum Ende!

Psalm 139:13-24

Deine Kinder sind nicht deine Kinder. Sie sind die Söhne und Töchter der Sehnsucht des Lebens nach sich selbst. Sie kommen durch dich, aber nicht von dir, und obwohl sie bei dir sind, gehören sie dir nicht. Du kannst ihnen deine Liebe geben, aber nicht deine Gedanken, denn sie haben ihre eigenen Gedanken. Du kannst ihrem Körper ein Heim geben, aber nicht ihrer Seele, denn ihre Seele wohnt im Haus von morgen, das du nicht besuchen kannst, nicht einmal in deinen Träumen. Du kannst versuchen, ihnen gleich zu sein, aber suche nicht, sie dir gleich zu machen. Denn das Leben geht nicht rückwärts und verweilt nicht beim Gestern. Du bist der Bogen, von dem deine Kinder als Pfeile ausgeschickt werden. Lass deine Bogenrundung in der Hand des Schützen Freude bedeuten.

Kahlil Gibran

Es ist wahr: *Unter uns Menschen liegt viel Gutes in der Welt.*
Und doch sind leider auch die harte Fakten wahr:

„Wir haben die Wahrheit Deines Wortes lächerlich gemacht und es Pluralismus genannt.
Wir haben andere Götter verehrt und es Multikultur genannt.
Wir haben der Perversion zugestimmt und sie einen alternativen Lebensstil genannt.
Wir haben die Armen ausgebeutet und das ihr Los genannt.
Wir haben Faulheit belohnt und sie Wohlstand genannt.
Wir haben unser Ungeborenes getötet und das Selbstbestimmung genannt.
Wir haben Abtreibungen entschuldigt und das Gerechtigkeit genannt.
Wir haben es versäumt, unseren Kindern Disziplin beizubringen, und nennen das Selbstachtung.
Wir haben Macht missbraucht und es Politik genannt.
Wir haben den Besitz unseres Nächsten beneidet und das Streben genannt.

Wir haben den Äther mit Pornografie und Weltlichem verschmutzt
und nannte es Pressefreiheit.
Wir haben die Werte unserer Vorfahren lächerlich gemacht und es Aufklärung genannt."

Joe Wright

HERR, du hast mich erforscht und kennst mich.
Ob ich sitze oder stehe, du kennst es. Du durchschaust meine Gedanken von fern.
Ob ich gehe oder ruhe, du hast es gemessen. Du bist vertraut mit all meinen Wegen.
Ja, noch nicht ist das Wort auf meiner Zunge, siehe, HERR, da hast du es schon völlig erkannt.
Von hinten und von vorn hast du mich umschlossen, hast auf mich deine Hand gelegt.
Zu wunderbar ist für mich dieses Wissen, zu hoch, ich kann es nicht begreifen.
Wohin kann ich gehen vor deinem Geist, wohin vor deinem Angesicht fliehen?

Wenn ich hinaufstiege zum Himmel - dort bist du; wenn ich mich lagerte in der Unterwelt -
siehe, da bist du. Nähme ich die Flügel des Morgenrots, ließe ich mich nieder am Ende des
Meeres, auch dort würde deine Hand mich leiten und deine Rechte mich ergreifen.
Würde ich sagen: Finsternis soll mich verschlingen und das Licht um mich soll Nacht sein!
Auch die Finsternis ist nicht finster vor dir, / die Nacht leuchtet wie der Tag, wie das Licht wird
die Finsternis.

Von David - Psalm 139

Wenn die Liebe dir winkt,

folge ihr; sind ihre Wege auch schwer und steil. Und wenn ihre Flügel dich umhüllen, gib dich
ihr hin, auch wenn das unterm Gefieder versteckte Schwert dich verwunden knn.

Und wenn sie zu dir spricht, glaube an sie,

auch wenn ihre Stimme deine Träume zerschmettern kann wie der Nordwind den Garten
verwüstet. Denn so wie die Liebe dich krönt, kreuzigt sie dich; so wie die Liebe dich wachsen
lässt, beschneidet sie dich.

Aber wenn du in deiner Angst nur die Ruhe und die Lust der Liebe suchst,

dann ist es besser für dich, deine Nacktheit zu verbergen,

und vom Dreschboden der Liebe zu gehen - in die Welt ohne Jahreszeiten, wo du lachen wirst,

aber nicht dein ganzes Lachen; und weinen,

aber nicht all deine Tränen. Liebe gibt nichts als sich selbst, und nimmt nichts
als von sich selbst. Liebe besitzt nicht, noch lässt sie sich besitzen.

Denn die Liebe genügt der Liebe, und den Schmerz allzu vieler Zärtlichkeiten zu kennen,
vom eigenen Verstehen der Liebe verwundet zu sein, und willig
und freudig zu bluten, bei der Morgenröte mit beflügeltem Herzen zu erwachen.

Khalil Gibran

Antwort auf unsere Sterblichkeit

Niemand will ersticken, verdursten, in den Abgrund fallen -
niemand will ertrinken, erfrieren, verhungern, verbrennen.
Und doch passiert es hie und da.
Wer möchte Angst haben, einsam und unverstanden, in Hass
und Schuld, blind und taub vor Schmerzen sein?
Und doch sind wir nicht immun dagegen.
Allerdings: Die Drei-Einigen wollen das
nicht – ziehen uns davon weg.
Sanft und diskret, in Geduld und Liebe.

Lassen wir dies doch einfach geschehen!
M.Th. Juni 2020

Ich bin es
der mit euch spricht.

Der mit Konventionen bricht
um Gemeinschaft zu schaffen
sieht in dir mehr als nur
der Wasserträger
deine Nähe sucht
wenn du Menschen meidest.
Der dich erwartet
tief in dem Brunnenschacht
deines Egos erwartet
bittet dich um Wasser
um dir Lebenskraft zu geben

stillt deinen Durst nach Zugehörigkeit.
Wer verwandelt deine Welt
in ein Heiligtum
Füllt deinen leeren Krug des Lebens
Füllt dich mit Sinn und Freude
Macht dich zu einer sprudelnden Quelle.
Der dich verstehen und erkennen lässt
traut dir zu Menschen zu Gott zu führen
macht dich zu einem Boten der Freude.
Ich bin es – ich der nicht aufhört
um mit dir zu sprechen
um dich zu werben
um dir zu geben
wonach du dich sehnst.

_____*Klaus Einspieler, Bible Department of the Diocese of Gurk*_____

Wie wir nach dem Bild des Irdischen gestaltet wurden, so werden wir auch nach
dem Bild des Himmlischen gestaltet werden.
1 Kor 15, 35-37.42-49

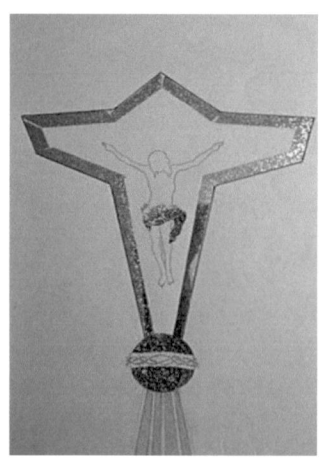

Ich habe den Herrn gesehen!

Als meine Augen in einem Tränennetz gefangen waren, hat sie der Herr befreit
zu einem neuen Sehen.
Als meine Ohren ganz auf meinen Schmerz gerichtet waren, hat sie der Klang
seiner Stimme für die Freudenbotschaft geöffnet.
Als meine Lippen angstvoll verschlossen waren, hat mir der Herr ein neues Lied
in den Mund gelegt.
Als ich noch meinte der große Stein läge für immer auf meinem Herzen,
hat mein Geliebter mich ins Leben gerufen ... Amen

Ralf Huning

===============

=========

=

K R I E G E auf dieser schönen Erde

Barmherziger Gott des Friedens,
sprachlos und ohnmächtig kommen wir zu Dir.
Wir beobachten das brutale Geschäft des Krieges,
steigende Aggressionen und Bedrohungen.
Erfolglos scheinen alle Vermittlungen zu sein,
die Angst vor Vernichtung und Leid geht um.
In dieser Situation bitten wir Dich
um neuen Geist für Frieden und Versöhnung,
um Einsicht und Bekehrung der Herzen.

Mit Deiner Hilfe wird es nicht zu spät sein,
Entscheidungen zu ermöglichen,
die Zerstörung und Elend verhindern.
Im Namen all jener, die unmittelbar
betroffen, bedroht und involviert sind,
ersehnen wir das Wunder des Friedens –
für die Ukraine, Russland und ganz Europa.
Du Gott des Lebens, des Trostes und der Liebe,
wir vertrauen auf Deine Güte und Vorsehung.
Amen.

Gebet von *Bischof H. Glettler*, 23. Februar 2022

––––––––––––––––––

K r i e g
Du grauenvollste Tat
des Menschen, du Untat

Auf beiden Seiten, raubst
dem Vater seinen Sohn, glaubst
das Vaterland zu verteidigen.
Du tötest den Müttern die Söhne,
ermordest den Frauen den Gatten,
entreißt den Kindern die Väter.
Trennst für immer die Liebenden,
die sich erst gefunden hatten.

Nimmst Freunden ihre Freunde,
zertrampelst in Minuten, was
Jahrhunderte geschaffen

und aufgebaut, das
Generationen hüteten.
Zerteilst das Glück der Einzelnen, um
ihren Körper zu zerstückeln. Lässt Veteranen überleben, und
Verstümmelte zurück an Leib und Seele,
auf dass sie dich verfluchen.
Hinterlässt Trümmer nur und Haufen,
Krüppel, die in bitterer Armut vegetieren, und
entstehst doch immer wieder neu,
als gäbst du ein Versprechen.
Dabei bist du - das schlimmste der Verbrechen.
Erhard Blanck

Friedensschmiede
Hell lodert auf das Feuer des Gerichts,
leckt gierig an den Plänen der Gewalt.
Voll Scham verhüllt der Kriegsheld sein Gesicht,
das Prahlen der Bedrücker ist verhallt.
Es prasselt auf das Holz von Axt und Speer,
verwandelt seine Kraft zu heißer Glut.
Den Flammen fallen Schwerter zum Verzehr,
die Opfer der Geschichte fassen Mut.
In heißer Glut gerinnt der harte Stahl,

der Hammer schlägt den Takt zu neuem Lied.
Die Völker stimmen ein in großer Zahl,
weil Gottes Frieden durch die Länder zieht.
Klaus Einspieler

Zwei Männer werden auf dem Feld arbeiten; der eine wird angenommen, und der andere bleibt zurück.
Zwei Frauen werden Getreide mahlen; die eine wird angenommen, die andere bleibt zurück.
Matthaeus 24:40-41

Dann werden sie ihre Schwerter zu Pflugscharen Umschmieden und ihre Lanzen zu Winzermessern. *Mi 4.3*

127

Sie erheben nicht mehr das Schwert, Nation gegen Nation, und sie erlernen nicht mehr den Krieg. *Jes 2,4*

Die Weltversammlung der Christen betete 1990 in Seoul dies: „Ich glaube an Gott, der die Liebe ist und der die Erde allen Menschen geschenkt hat. Ich glaube nicht an das Recht des Stärkeren, an die Stärke der Waffen, an die Macht der Unterdrückung. Ich glaube an Jesus Christus, der gekommen ist, uns zu heilen, und der uns aus tödlichen Abhängigkeiten befreit. Ich glaube nicht, dass Kriege unvermeidlich sind, dass Frieden unerreichbar ist. Ich glaube an die Gemeinschaft der Heiligen, die Kirche, die berufen ist, im Dienst aller Menschen zu stehen. Ich glaube nicht, dass Leiden umsonst sein muss, dass Gott die Zerstörung der Erde gewollt hat. Ich glaube, dass Gott für die Erde eine Ordnung will, die auf Gerechtigkeit und Liebe gründet, und dass alle Männer und Frauen gleichberechtigte Menschen sind. Ich glaube an Gottes Verheißung eines neuen Himmmes und einer neuen Erde, wo Gerechtigkeit und Frieden sich küssen. Ich glaube an die Liebe mit offenen Händen, an den Frieden auf Erden. Amen."

Lies auch den Bestseller: „Frieden ist NOCH IMMER möglich" vom Umweldjornalist *Franz Alt.*

Beten wir täglich auch um den inneren Frieden

Trefflich drückt **Naomi Klein** *unsere praktische wie spirituelle Globallage in ihrem Buch*
„Warum nur ein **GreenNewDeal** *unseren Planeten retten kann" aus:*
„Hinter der Bühne, auf der einige Regierungen den Klimawandel leugnen und andere behaupten, etwas dagegen zu tun, während sie ihre Grenzen befestigen, um sich vor den Klimafolgen zu schützen, steht eine Frage, der wir uns stellen müssen. Was für Menschen wollen wir sein in der harten Zukunft, die bereits begonnen hat? Wollen wir teilen, was übrig ist, und füreinander sorgen? Oder wollen wir stattdessen die verbliebenen Reste horten, für »uns selbst« sorgen und alle anderen aussperren?
In einer Zeit der steigenden Meeresspiegel, Xenophobie und des zunehmenden Faschismus sind dies krasse Entscheidungen. Es gibt noch andere Optionen außer extremer Klimabarberei, bedenkt man aber, wie weit es schon gekommen ist, hat es keinen Sinn zu behaupten, diese Alternativen seien leicht zu realisieren. Es ist weit mehr vonnöten als eine CO_2-Steuer oder einer Neuauflage des Emissionshandels. Wir müssen einen Krieg führen gegen CO_2-Verschmutzung und Armut, gegen Rassismus und Kolonialismus und gegen die Verzweiflung.
Wenn wir eine Zukunft ablehnen, die durch brutale Ausgrenzung von Armen und Unschuldigen gekennzeichnet ist, dann müssen wir die Stärke aufbringen, es mit den Mächtigen aufzunehmen, denen die Verantwortung für die Klimakrise zufällt. Die Vorstellung, gegen den Fossilsektor vor-zugehen, kann einschüchternd wirken: Den Konzernen stehen unbegrenzte Mittel zur Verfügung, um Politiker mittels intensiver Lobbyarbeit zur Verab-

schiedung drakonischer Gesetze gegen Aktivisten zu veranlassen. ... Und doch ist dieser Sektor sehr wohl durch verschiedene Aktionsformen angreifbar.

In den vergangenen fünf Jahren bestand eine zentrale Strategie der Kliemagerechtigkeitsbeweg-ung darin, aufzuzeigen, dass diese Unternehmen amoralisch agieren und ihre Gewinne un-rechtmäßig erworben haben, weil ihr Geschäftsmodell im Kern darin besteht, die menschliche Zivilisation zu destabilisieren. Dank dieser Strategie haben Hunderte Institutionen beschlos-sen, im Zuge des »Divestment« Aktien dieser Unternehmen in ihrem Depot abzustoßen. Unlängst hat die Sunraise-Bewegung ihren Schwerpunkt darauf gelegt, von gewählten Politikern die Versicherung zu verlangen, dass sie keine Spenden von Fossil-konzernen annehmen werden, wozu sich über die Hälfte der demokratischen Kandidaten sofort bereit erklärten. Wenn die regierenden Parteien auf Spenden von Klimazerstörern und Gespräche mit Fossil-Lobbyisten verzichten würden, könnte der politische Einfluss der Branche dramatisch schrumpfen. Und wenn die Medien, angesichts von öffentlichem Druck und entsprechenden Vorschriften, keine Werbung von Fossilkonzernen mehr bringen würden, so wie es bei der Tabakwerbung der Fall war, dann würde der Einfluss der Branche schwinden.

Sobald die Debatte nicht mehr durch Falschinformationen verzerrt und einen klare Trennlinie zwischen Erdölindustrie und Staat gezogen wird, wäre der Weg zu wirksamen Vorschriften, die diesem Schurkensektor rasch beikommen würde, klar vorgezeichnet.“

= = = = = = =
= = =

Herkunft des Lebens aus der Sicht der Information

Naturgesetze über Information und ihre Schlussfolgerungen - **Prof. Dr. DI. _Werner Gitt_**
Die stärkste Argumentation in der Wissenschaft ist immer dann gegeben, wenn man Natur-gesetze in dem Sinne anwenden kann, dass sie einen Prozess oder Vorgang ausschließen. In allen Lebewesen finden wir eine geradezu unvorstellbare Menge an Information. Das Gedankensystem Evolution könnte überhaupt nur funktionieren, wenn es in der Materie eine Möglichkeit gäbe, dass durch Zufallsprozesse Information entstehen kann.

Diese Information ist unbedingt erforderlich, weil alle Baupläne der Individuen und alle komplexen Vorgänge in den Zellen (z.B. Proteinsynthese) informationsgesteuert ablaufen. In diesem Beitrag wird mit den Naturgesetzen der Information argumentiert, die aus der Beobachtung gewonnen wurden. Diese Gesetze schließen aus, dass jegliche Information, und damit auch die biologische Information, aus Materie und Energie ohne einen Bezug zu einem intelligenten Urheber hervorgegangen sein kann.

Wer Evolution für denkmöglich hält, glaubt an ein „Perpetuum mobile der Information". Die hier gezeigten Naturgesetze verlangen für die Herkunft der biologischen Information einen bewussten und mit Willen ausgestatteten Schöpfer. Die weitreichenden Schlussfol-gerungen dieser Gesetze werden diskutiert.

1. Was ist ein Naturgesetz? Lässt sich die allgemeine Gültigkeit von Sätzen, die unsere beobachtbare Welt betreffen, in reproduzierbarer Weise immer wieder bestätigen, so spricht man von einem Naturgesetz. Naturgesetze genießen hinsichtlich ihrer Aussagekraft in der Wissenschaft den höchsten Vertrauensgrad. Von Bedeutung ist:

Die Naturgesetze kennen keine Ausnahme.

Naturgesetze sind unveränderlich in der Zeit.

Die Naturgesetze beantworten uns die Frage, ob ein gedachter Vorgang überhaupt möglich ist oder nicht. Dies ist eine besonders wichtige Anwendung der Naturgesetze.# Die Naturgesetze existierten schon immer, und zwar unabhängig von ihrer Entdeckung und Formulierung durch Menschen:

Naturgesetze können stets erfolgreich auf unbekannte Fälle angewendet werden. Wenn wir von Naturgesetzen sprechen, dann verstehen wir normalerweise darunter die physikalischen und die chemischen Gesetze. Wer meint, unsere Welt sei allein mit materiellen Größen beschreibbar, schränkt seine Wahrnehmung ein. Zu unserer Welt gehören aber auch nicht-materielle Größen wie z.B. Information, Wille und Bewusstsein. Mit Hilfe des hier vorgetragenen Konzeptes wird erstmalig der Versuch unternommen, Naturgesetze auch für nicht-materielle Größen zu formulieren. Sie erfüllen dieselben strengen Kriterien wie die Naturgesetze für materielle Größen und sind darum in ihren Schlussfolgerungen ebenso aussagekräftig wie diejenigen der materiellen Größen.

2. Was ist Information? 2.1 Information ist keine Eigenschaft der Materie! Von dem amerikanischen Mathematiker *Norbert Wiener* stammt der vielzitierte Satz: „Information ist Information, weder Materie noch Energie." Damit hat er etwas sehr Wesentliches erkannt: Information ist keine materielle Größe. Diese wichtige Eigenschaft von Information möchte ich anhand eines einsichtigen Beispiels erläutern: Stellen wir uns eine Sandfläche am Strand vor. Mit dem Finger schreibe ich einige Sätze in den Sand. Der Inhalt der Information ist verständlich. Dann lösche ich die Information, indem ich den Sand glätte. Nun schreibe ich andere Sätze in den Sand. Ich benutze dabei dieselbe Materie zur Informationsdarstellung wie zuvor. Durch das Löschen und Wiederbeschreiben hat sich die Masse des Sandes zu keinem Zeitpunkt verändert, obwohl zwischenzeitlich unterschiedliche Information dargestellt wurde. Die Information selbst ist also masselos. (Die gleiche Überlegung hätten wir auch mithilfe der Festplatte eines Computers anstellen können).

Norbert Wiener hat uns zwar gesagt, was Information nicht ist; aber wir wollen wissen, was Information denn wirklich ist. Diese Frage soll im Folgenden beantwortet werden. Weil Information eine nicht-materielle Größe ist, kann ihr Entstehen auch nicht aus materiellen Prozessen heraus erklärt werden. Was ist der auslösende Faktor dafür, dass es überhaupt Information gibt? Was veranlasst uns dazu, einen Brief, eine Postkarte, eine Gratulation, ein Tagebuch oder einen Aktenvermerk zu schreiben? Die wichtigste Voraussetzung dafür ist unser eigener Wille oder der unseres Auftraggebers. Information beruht immer auf dem Willen eines

Senders, der die Information abgibt. Sie ist keine Konstante, sondern absichtsbedingt kann sie zunehmen, und durch Störeinflüsse kann sie deformiert oder zerstört werden. Halten wir fest: Information entsteht nur durch Wille (Absicht).

2.2 Naturgesetzliche Definition von Information. Um die Naturgesetze der Information beschreiben zu können, braucht man eine geeignete und präzise Definition, um eindeutig entscheiden zu können, ob ein unbekanntes System zum Definitionsbereich gehört oder nicht. Die folgende Definition erlaubt eine sichere Zuordnung: Information liegt immer dann vor, wenn in einem beobachtbaren System alle folgenden fünf hierarchischen Ebenen vorkommen: Statistik, Syntax, Semantik, Pragmatik und Apobetik. Die fünf Ebenen der Information sind:

1. Statistik: Hierhin gehören Fragen wie: Aus wie vielen Buchstaben, Zahlen und Wörtern ist der Gesamttext zusammengesetzt? Wie ist die Anzahl der jeweiligen Einzelbuchstaben des verwendeten Alphabets (z. B. a, b, c, ..., z oder G, C, A und T)? Mit welcher Häufigkeit treten bestimmte Buchstaben und Wörter auf? *Claude E. Shannon* hat ein mathematisches Konzept entwickelt [1, S. 294-311], das aber nur diese unterste Ebene erfasst.

2. Syntax: Unter Syntax subsumieren wir sämtliche strukturellen Merkmale der Informationsdarstellung. Auf dieser zweiten Ebene geht es nur um die Zeichensysteme 3 selbst (Code) und um die Regeln der Verknüpfung von Zeichen und Zeichenketten (Grammatik, Wortschatz), wobei dies unabhängig von irgendeiner Interpretation geschieht.

3. Semantik: Zeichenketten und syntaktische Regeln bilden die notwendige Voraussetzung zur Darstellung von Information. Das Entscheidende einer zu übertragenden Information aber ist Semantik, d.h. die darin enthaltene Botschaft, die Aussage, der Sinn, die Bedeutung.

4. Pragmatik: Information fordert zur Handlung auf. In unserer Betrachtungsweise spielt es keine Rolle, ob der Informationsempfänger im Sinne des Informationssenders handelt, entgegengesetzt reagiert oder gar nicht darauf eingeht. Jede Informationsweitergabe geschieht jedoch mit der senderseitigen Absicht, beim Empfänger eine bestimmte Handlung auszulösen.

5. Apobetik: Es gilt für jede beliebige Information, dass der Sender ein Ziel damit verfolgt. Damit haben wir die letzte und höchste Ebene der Information erreicht, nämlich die Apobetik (Zielaspekt, Ergebnisaspekt; griech. apobeinon = Ergebnis, Erfolg, Ausgang). Der Apobetikaspekt der Information ist der wichtigste, da er nach der Zielvorgabe des Senders fragt.

3.) Die vier Naturgesetze über Information (NGI)

NGI-1: Eine materielle Größe kann keine nicht-materielle Größe hervorbringen.

NGI-2: Information ist eine nicht-materielle fundamentale Größe.

NGI-3: In statistischen Prozessen kann keine Information entstehen.

NGI-4: Information kann nur durch einen intelligenten Sender entstehen. / Jeder Code beruht auf der gegenseitigen Vereinbarung von Sender und Empfänger. / Es gibt keine neue Information ohne einen intelligenten Sender. / Jede Informationsübertrgungskette kann zurückverfolgt werden bis zu einem intelligenten Sender. / Die Zuordnung von Bedeutung zu einem Satz von Symbolen ist ein geistiger Prozess, der Intelligenz erfordert.

Schlussfolgerung Nr. 1: Gott existiert
Unsere Fragen gehen aber darüber hinaus, und so brauchen wir eine höhere Informationsquelle, um die erforderliche Grenzüberschreitung vornehmen zu können.

Schlussfolgerung Nr. 2: Gott ist allwissend und ewig

In der Realität gibt es immer nur abzählbar endliche Mengen. Die Anzahl der Atome im Universum ist zwar unvorstellbar hoch, aber im Prinzip dennoch abzählbar.

Schlussfolgerung Nr. 3: Gott ist äußerst mächtig

Schlussfolgerung Nr. 4: Gott ist nicht-materiell

Schlussfolgerung Nr. 5:

Schlussfolgerung Nr. 6: Urknall unmöglich

Schlussfolgerung Nr. 7: Wenn wir uns die Informationsfülle ansehen ...

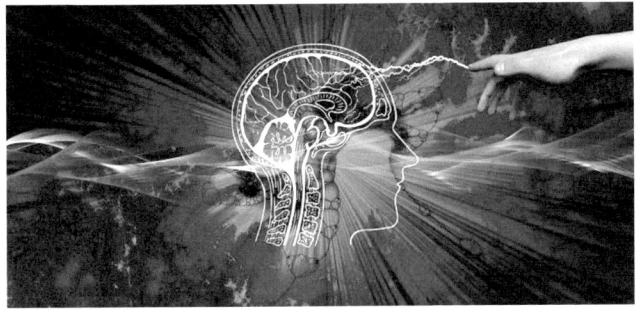

Kurz: Die Informationssätze schließen eine Makroevolution, wie sie im Rahmen der Evolutionslehre vorausgesetzt wird, aus.

... im Rahmen materieller Prozesse ...

Schlussfolgerung Nr. 8 ... All diese spannenden Schlussfolgerungen sind in www.wernergitt.de nachzulesen.

DER HOHE DOM – *Herbert Madinger*

Pflanzen helfen uns Menschen ungeheuer viel, sie sind die Grundlage aller Ernährung, des Sauerstoffs in der Luft und der Energiereserven unserer Erde. Unsere Urväter haben am hohen Wald noch Höheres geschätzt. Er war für sie wie eine Heimat für Seele und Gemüt. Gerade die verstädterten Menschen unseres Industriezeitalters sollten die seelischen Kräfte wieder entdecken, die im grünen Dom Gottes zu finden sind. Denn der Mensch hat heute so schwere Wunden an seiner Seele erlitten. Lärm und Hast haben tiefe Rinnsale in seine Seele gegraben, der tägliche Zwang presst die Seele zusammen, die Einsamkeit macht das Gemüt zur Wüste, die Öde der Gottes-Leere drängt zum Sinnlosen. Bis sich der Mensch nicht mehr auskennt und sich selber nicht mehr anerkennen kann. Freund, geh hinaus in den Dom Gottes, dort wird deine Seele wieder frei!

Unsere Vorfahren haben den hohen Wald so sehr geliebt, dass sie ihre Dome nach seinem Vorbild gebaut haben: Die hohen Säulen standen wie die die hohen Stämme im dunklen Wald, stille Zeichen des Höheren, des Erhabenen. Das Gewölbe der Dome haben sie wie eine schützende Baumkrone gestaltet: die Verästelungen der Zweige waren durch Rippen nachgeahmt. Der Wald war ihnen wie ein Dom: die Stille, das Schweigen, in dem Gott selber spürbar wird. Und der Dom war ihnen wie ein Wald: er bringt Frieden für die Seele, reine Luft für die Lungen und reinigende Gedanken für den Geist. Gott ist da! Das erlebten sie im Dom und das erfuhren sie draußen im grünen Dom Gottes. Wenn der Wind die Blätter aufrauschen ließ, dann fuhr es ihnen auch durch die Seele: Der Geist Gottes spricht zum Menschen.

Freund, kennst Du diese Nähe Gottes, die man in den Wäldern und auf den Wiesen erfahren kann? Sie sind wie ein unerschöpfliches Bilderbuch Gottes. Dieses ständig neue Bild aus Sonnenstrahlen, Licht und Grün, Sonne und Himmel. Das Rauschen und Schweigen entspannt Dich. Endlich darf Deine unterdrückte Seele aufatmen und sich aussprechen. Wann darf denn Deine Seele zu Dir reden? Wann hast Du Zeit, ihr zuzuhören? Da draußen kommst Du zu Dir selber. Da kommst Du zu Gott. Zu den Quellen Deines Lebens: Danke, Gott, dass Du da bist! Danke, Gott, dass ich zu Dir finden darf! Danke, Gott, das Du auch für mich sorgst.

Wieso wird eigentlich der hohe Wald wie von selbst zum Sinnbild des Schöpfers und seiner Gegenwart? Freund, alle Geschöpfe sind wohl ein Ab-Bild Gottes, Seiner Lebenskraft, Seiner Ewigkeit, Seines Lichts, und Seiner Weite, Seiner Schönheit und Güte. Aber all das nehmen wir kaum durch unseren Intellekt auf, sondern eher ähnlich wie der Baum, der mit seinen tiefen Wurzeln das Wasser saugt.

Der Wald ist die beste Klima-Anlage der Erde. Er sorgt für ein Klima in der Seele und in der Atmosphäre. Der Raubbau an den großen Wäldern der Erde hat Verheerungen angerichtet: Seit man z.B. die großen Regenwälder Südamerikas zu großen Teilen zusammengeschlagen hat, wächst die Wüste in Afrika und schafft Hunger für Millionen Menschen.

Der Wald ist unersetzlich für ein gemäßigtes Klima. Denn er ist der beste Wassespeicher, den es gibt. Wo der Wald fehlt, wird das Klima extremer: Die Sturzbäche der Regenfluten und Trockenheit wechseln einander ab und die Regengüsse schwemmen das Erdreich davon. Der Wald gleicht aus, mildert Extreme, bewahrt und hilft, reinigt die Luft und das Wasser. Er hilft auch dem Klima Deines Gemütes.

Von allem Lebendigen geht etwas aus, eine Kraft des Lebens, ein Anhauch des Schöpfers. Freund, bleib der Schöpfung nahe! Sie ist ein Gotte-Garten. Da spricht er Er zu Dir. Da bekommst Du Einfälle und Gedanken, die Dir sonst nie gekommen wären. Du erlangst Einsichten und empfängst Ein-Gebungen, die Gaben Gottes sind.

Ist nicht auch Deien Seele oft verwirrt, verdunkelt, wie erschlagen? Die Großstadt und das Hinausgreifen der Städte auf das ganze Land haben den Menschen weitgehend der Schöpfung entfremdet. Seither fühlt er auch den Schöpfer nicht mehr. Denn Religion und Gottesnähe sind nicht in erster Linie Sache des Gehirns und des Wissens, sondern Sache der Wurzel des Lebens, der Seele und Tiefe des Menschen. Freund, wenn der tote Materialismus unserer Zeit Deine Seele wie eine Sturzflut überschwemmt und verwüstet, dann such Besinnung da draußen im grünen Dom Gottes. Dort findest Du Heilung für Leib und Seele.

# # #

<u>Über mich</u>

Mein Name ist *Michael Thalhammer* und ich komme aus Graz, das liegt in der grünen Steiermark. Ich bin Vater von drei erwachsenen Kindern und mehrfacher Großvater und lebe jetzt mit meiner Frau Maria in Wien. Vor meiner Pensionierung war ich hauptsächlich im sozialen Bereich tätig, habe aber auch öfter im handwerklichen Bereich gearbeitet.

Ich war schon von klein auf ein Tüftler. So habe ich schon als 6-jähriger Junge meiner Mutter einen funktionablen Handkurbel-Schlagobersrührer gebaut. Zwar bin ich kein ausgebildeter Techniker, doch bin ich im Praktischen geschickt. Weil ich unsere heutigen Lebensweisen als bedenklich in Richtung Unheil empfinde, wage ich mich auch ins Theologische, und erhoffe für mich und alle Leser den guten Nutzen daraus. Bitte überseht etwaige Fehleinschätzungen mit Nachsicht.

Meine liebevolle Frau nennt mich gelegentlich scherzhaft "Materialtester".

Seit über 20 Jahren entwickle ich nachhaltige technologische Ideen in den Bereichen Mobilität, Landwirtschaft, *zero-plastic*, nachhaltiges Bauen und einiges mehr. Als *Open-Source-Net-worker* erhoffe ich, meine Ideen auf dem freien Markt (ohne finanzielle Absicht), bald umgesetzt zu sehen.

Für´s Innerseelische empfehle ich Dir, geschätzter Leser - **z.B.** *- zwei Dinge:*

1.) Unter: www.marysmeals.org - »Eine Schale Getreide verändert die Welt« kannst auch du hocheffizient helfen, die bitteren Folgen von Nahrungs- und Bildungsmangel zu lindern.

2.) Werde Mitglied der Hörerfamilie von RadioMaria (in Deutschland RadioHoreb); www.RadioMaria.at sendet tägl. 24 Stunden buntes katholisches Programm, werbefrei und in rauschfreiem Digitalempfang. Die Radiothek bietet mit dem Historiker Dr. Michael Hesemann, dem Pfarrer Frank Cöppicus Röttger, Prof. Wolfgang Wehrmann, Dr. Peter Egger und anderen interessanten Referenten nachhörbare, wertvolle Beiträge.

Für Michael zu seinem 70. Geburtstag

Die 70 sieht man dir nicht an,
bist lange noch kein alter Mann
Fährst mit dem Fahrrad quer durch Wien
Kannst auch noch arbeiten auf den Knien
Auch sonst bist du noch super fit
Bekommst nicht immer alles mit ;-)
Aber das muss auch nicht immer sein
So wie du bist, bist du ganz fein.

Bist stets beschäftigt
Mit Erfinden und Denken
Willst die Welt in andere Bahnen lenken
Der Computer ist dein treuer Begleiter
Schickst Mails und netzwerkst
Und kommst auch immer ein Stück weiter

Als Michi-Opa sehr beliebt
Zum Vorlesen, Lego Bauen,
und was es sonst noch gibt

Bist kommunikativ und hilfsbereit als wie
Nur am Handy, da erreicht man dich nie ;-)
Zu deinem 70er nur das Beste
Und hoffentlich noch viele gemeinsame Feste!
Geschrieben von meiner Stieftochter Susanna – 21. 07. 2021 – DANKE!

SUMMARUM

Zumindest auf Papier war meine Familie evangelisch getauft. Meine späte, aber bewusste Hinwendung zum Christlichen machte aus mir zwar keinen anderen oder „besseren" Menschen, und doch wurde ich seither fröhlicher, sanfter und geduldiger. Bei mir hieß es: aufschreiben, was mir der Geist nächtlich an Ideen eingab und es publik machen, sowie Treue halten in Ehe und besonders in der religiösen Orientiertheit.

Bevor ich mich vor 13 Jahren zum katholischen Glauben entschied, war ich auch in einer "freien Christengemeinde". Dort fühlte ich mich von deren gruppendynamischem Charisma angezogen, ja begeistert.

Heute lebe ich in der wertvollen Hoffnung, ja Gewissheit, auf eine befreite Zukunft. Jeder und Jede - Straßenkehrer, Manager, Fleißige, Träge, Kranke, Kinder und Greise - sie stehen dann in gleichem Lohn. Revolutionen, Programme und bisherige Zwänge sind dann vorüber, und es hebt die volle Freiheit vom bisherigen Wirtschaftskampf an.

Geld „gilt" dann nicht als Mammon; es „spielt" dann neue Melodien - im gegenseitigen Dienen und Helfen; und in allgemeiner Liebe zur Schöpfung.

Diese harmonische »Lobgesangswährung« wird im neuen Jerusalem ein weithin sichtbares Leuchten und eine weithin spür- und hörbare Freude haben.

- - - - - - - - - - - - -

Noch herrscht das völlig absurd gewordene Handlungsgeflecht von zinsbelastetem Geld, welches im Licht des sich immer mehr reduzierenden Konkurrenzdenkens einem allgemeinen >WIR< Platz macht.

Solange noch keine Bereitschaft besteht, die Not der Hungernden, Kriegsbedrohten und die Auswüchse von Prunksucht bei gleichzeitiger Armut wahrzunehmen und zu lindern, helfen wohl auch keine technischen Neuerungen, mehr Bildung oder Vorsorgeprogramme weiter! Nur mit Gottes Hilfe gelingt uns der langsame Aufstieg zur selbstlosen und womöglich allumfassenden Liebe!

Und doch: Das schon im Diesseits anhebende Reich Gottes ergibt für jeden das Seine: Manche, die wie mit einem Mühlstein am Hals in den Fluten versinken - und andere, die wie mit einem Rettungsring aus persönlichem Glauben, Hilfsbereitschaft, Lebensbejahung und Vertrauen Auftrieb erfahren und so einem allgemeinen Untergang entgehen.

>> **Der Herr hat Pläne des Heils für jeden von uns!** <<

= = =

Gebet zum Heiligen Josef

Sei gegrüßt, du Beschützer des Erlösers
und Bräutigam der Jungfrau Maria.
Dir hat Gott seinen Sohn anvertraut,
auf dich setzte Maria ihr Vertrauen,
bei dir ist Christus zum Mann herangewachsen.
O heiliger Josef, erweise dich auch uns als Vater
und führe uns auf unserem Lebensweg.
Erwirke uns Gnade, Barmherzigkeit und Mut
und beschütze uns vor allem Bösen. Amen.

Papst Franziskus, Patris Cord

Halte dich an Gott. ***Mache es wie der Vogel, der nicht aufhört zu singen,***
auch wenn der Ast bricht. Denn er weiß, dass er Flügel hat. er Flüg<u>Don Bosco</u> *(1815 – 1888)*

Pfingstsequenz*:*

Komm, o Geist der Heiligkeit! Aus des Himmels Herrlichkeit! Sende deines Lichtes Strahl!
Vater aller Armen Du, Aller Herzen Licht und Ruh, Komm mit Deiner Gaben Zahl!
Tröster in Verlassenheit, Labsal voller Lieblichkeit, Komm, Du süßer Seelenfreund!
In Ermüdung schenke Ruh, In der Glut hauch Kühlung zu, Tröste den, der trostlos weint!
O Du Licht der Seeligkeit, Mach Dir unser Herz bereit, Dring in unsre Seelen ein!
Ohne Dein lebendig´Weh´n Nichts im Menschen kann bestehn´, Nichts ohn Fehl und Makel
sein. Wasche, was beflecket ist, Heile, was verwundet ist, Tränke, was da dürre steht!
Beuge, was verhärtet ist, Wärme, was erkaltet ist, Leite, was da irre geht!
Heil´ger Geist, wir bitten Dich, Gib uns allen gnädiglich Deiner Gaben Siebenzahl!

Spende uns der Tugend Lohn, Laß uns steh´n an Deinem Thron, Uns erfreu´n im Himmelssaal! Amen, Alleluja.

L I N K S für´s Innerseelische:

https://www.radiomaria.at

www.horeb.org   ist die Deutschlandversion von RadioMaria

www.marysmeals.org   >Eine Schale Getreide verändert die Welt<

www.arche-noah.at   Saatgut Sortenerhaltung

https://www.vertrauenspaedagogik.ch/index.php/aktuellesneu/refresher

www.iconw.de #nuclearban

www.argeschoepfung.at

www.was-darwin-nicht-wusste.de

www.wernergitt.de

www.bibelwissen.ch

https://cenacolo.at

Siehe auch mein Video in: https://lnkd.in/g85nipjy >> TubeWaySolar - for a clean future ... und die Glaubensbüchlein von *Dr. Herbert Madinger,* sie waren mir auf meinem Glaubensweg sehr hilfreich, siehe: *www.kgi-wien.at;* und auch die besonders ergreifende Serie von *Maria Valtorta -* „Der Gottmensch" ... und zur aktuellen Bedrohungslage den **Bestseller** »Frieden ist NOCH IMMER möglich« von *Franz Alt.* Und in www.ICANW.de: Die Resolution zum #*Atom-waffenverbotsvertrag* in der UN-Vollversammlung wurde am 7. Dezember 2020 von 130 Staaten unterstützt. *»Alle Staaten müssen friedensfähig statt erstschlagsfähig werden«!*

... viel Freude beim Stöbern ;-)   -   letzte Fassung, Wien, 31.01.2024

Meine hier vorgestellten technischen Innovationen existieren rein als Ideen ohne Firma; es gibt daher auch keine eigenen fertigen Produkte. Sie stellen nur Anregungen dar, welche andere bereitstellen mögen.

======

Alle Bilder - außer den Eigenen - stammen aus lizenzfreiem *Pixabay.*